학교 규칙은
관계 중심인가?

통제의 힘에서 자율의 힘으로
관계를 해치는 규칙에서 관계를 살리는 규칙으로

학교 규칙은 관계 중심인가?

1판 1쇄 발행 2019년 12월 20일 **1판 3쇄 발행** 2023년 3월 27일

지은이 원은정·신동엽·박성근

펴낸이 전광철 **펴낸곳** 협동조합 착한책가게

주소 서울시 마포구 독막로 28길 10, 109동 상가 B101-957호

등록 제2015-000038호(2015년 1월 30일)

전화 02) 322-3238 **팩스** 02) 6499-8485

이메일 bonaliber@gmail.com

ISBN 979-11-90400-03-9 (03370)

• 책값은 뒤표지에 있습니다.

• 잘못된 책은 구입하신 서점에서 바꾸어 드립니다.

이 도서의 국립중앙도서관 출판예정도서목록(CIP)은 서지정보유통지원시스템 홈페이지(http://seoji.nl.go.kr)와
국가자료공동목록시스템(http://www.nl.go.kr/kolisnet)에서 이용하실 수 있습니다.
(CIP제어번호: CIP2019049904)

학교 규칙은 관계 중심인가?

통제의 힘에서
자율의 힘으로
관계를 해치는 규칙에서
관계를 살리는 규칙으로

원은정·신동엽·박성근 지음

COOPERATIVE
착한책가게

'우리'의 힘과 '질문'의 힘을
믿습니다

여러 학교에 강의를 다니면서 매번 경험하는 것은, 학교마다 '분위기'가 참 다르다는 것입니다. 뭐라 콕 집어 말할 수 없는 전체적인 느낌은 물론이고, 실내화를 신는 것부터 시작해서 아이들을 대하는 선생님들의 모습과 통솔하는 기준들도 저마다 다릅니다. 어떤 학교는 시청각실에서 수업을 마치고 반별로 줄을 세워 전열을 가다듬은 후 수업 중 떠들지 않았던 순서대로 교실로 향합니다. 수업 중에 떠들어서 걸린 반 아이들은 유독 명랑했던 몇 명에게 눈을 흘기며 순서를 기다리다가 맨 나중에 교실로 향합니다. 어떤 학교는 "다른 반은 아직 수업 중이니 조용하게 이동하고 다음 수업 준비하세요."라고 당부하는 것만으로 마무리되기도 합니다. 이런 모습은 학년에 따라 달라지지 않고 학교에 따라 달라집니다. 같은 초등학교라도, 같은 중학교라도 학교에따라 아이들을 대하는 모습은 천차만별입니다. 잠시 강의를 하기 위해 학교에 방문하는 입장에서도 이처럼 다양한 모습을 발견하는데 여러 학교에서 아이들을 가르쳐 온 선생님들의 경험은 또 얼마나 다양할지 짐작이 됩니다. 그렇다면 이것은 학교에 소속된 구성원의 문제일까요? 다시 말해 학생들의 특성이 다르기 때문일까요, 교사들의 기준이 다르기 때문일까요, 아니면 관리자의 생각이 다르기 때문일까요? 구성원의 차이라고만 생각한다면, 우리는 뭔가 굉장히 크고 중요한 것을 놓치고 있는 것입니다.

많은 선생님들과 교육 전문가들이 학교 문화가 중요하다고 말합니다. 그러나 이것을 어떻게 하면 이상적으로 실현할 수 있을지 끊임없이 고민하다가 결국 현장에 익숙해지는 것이 현실입니다.

이 책은 이러한 고민을 하고 있는 수많은 선생님들의 생각을 '학교 규칙'이라는 키워드를 통해 모아 보고자 기획되었습니다. 실질적으로 학교 문화에 크나큰 영향을 미치는 학교 규칙의 합리성과, 그 규칙을 생활지도 차원에서 적용하는 선생님들의 역할을 더 세밀하게 들여다보기 위한 시도입니다.

이 책을 쓰면서 가장 어려웠던 것은 학교 규칙에 대한 선행 연구나 참고 자료가 거의 없다는 것이었습니다. 기존에 나와 있는 책에 한 주제로 언급되어 있기는 했지만, 저희가 고민했던 '학교 규칙은 관계 중심인가?'라는 질문에 대한 답을 찾을 수는 없었습니다. 논문 역시 마찬가지였고, 외국 사례도 한계가 있었습니다.

규칙에 대한 연구가 별로 없다는 것이 반증하는 것은 무엇일까요? 그리고 교사 양성 과정에서 이러한 것들을 충분히 공부하고 있지 않다는 것은 무엇을 의미할까요? 결국 선생님들이 학교 현장에서 개별적으로 생각해서 해결하고, 그때그때 몸으로 부딪히며 해결하고 있다는 뜻입니다. 그러는 사이에 교사들은 소진되고 지쳐서 새로운 질문을 하고 새로운 시도를 해 나가기에 역부족인 상태가 된 것은 아닐까요?

신입 선생님은 물론 경력이 많은 선생님도 발령을 받을 때마다 학교마다 다른 규칙에 적응하기 위해 고군분투하고, 그 과정에서 우울을 경험한다는 이야기를 쉽게 접합니다. 자신도 납득이 가지 않는 규칙을 아이들에게 적용하면서 그 괴리감을 일상 안에서 온전히 겪어 내야만 하는 것이 결국에는 포기와 체념으로 이어지는 것이 아닐까 싶습니다. 일례로 혁신학교에서 근무하다가 일반학교로 발령받은 선생님들은 도무지 이해되지 않는 학교 문화에 당혹스러워하는 자신이 이질적으로 느껴져 소외감을 경험한다고 합니다. 반면에 일반학교에서 근무하다가 혁신학교로 발령받은 선생님들은 신경 써야 할 것들이 너무 많은 현실에 당황하면서 자신에 대해 끊임없이 자책하거나, 혁신학교도 별 수 없다며 비판하는 것으로 마음을 정리한다고 합니다. 이처럼 학교 형태나 관리자가 바뀌면 규칙의 중요도가 달라진다는 것 자체가 아직 우리 학교 현장이 충분히 진화하지 못했다는 증거라고 할 수 있습니다.

이러한 선생님들의 고민이 더 이상 체념으로 이어지지 않기를 바라는 마음으로 이 책을 썼습니다. 같이 고민하고 있는 사람들이 있다는 말을 건네고 싶어서, 이러한 고민을 구체적으로 책에 담았습니다.

이 책을 공동 집필한 박성근 선생님은 초등학교의 학교 규칙에 대한 점검, 교실에서 실제로 벌어지는 일들 그리고 진정한 소통 관계를 형성하는 규칙과 교사 양성 과정 부분을 맡아 주셨습니다. 신동엽 선생님은 중·고등학교 학교 규칙에 대한 점검, 학교 규칙의 역사 그리고 관습적으로 대물림되는 학교 규칙을 규명하는 부분을 맡아 주셨습니다. 저는 학교 안과 밖의 경계를 해제하고 청소년을 어떻게 바라볼 것인지, 규칙의 교육적·관계적 측면에 대해 고민하는 역할을 맡았습니다. 이 책을 쓰는 시간 동안 무엇보다 가장 큰 소득은 서로의 성장입니다. 자신의 생각을 내어놓고, 자신의 생각이 어느 지점에 있는지, 더 채울 것은 무엇인지를 확인하는 시간이었습니다.

그동안의 고민을 통해 내린 하나의 결론은, 학교 규칙 자체에 대한 의문을 가질 때가 왔다는 것입니다. 학생들에게 요구하는 '질서정연'과 '학생다움'은 과연 누구를 위한 것이고, 무엇을 이루기 위함인지 그리고 무엇보다 교육적인 것인지 자문해 볼 때가 되었다는 것입니다.

우리들은 그동안 우리가 만들어 놓은 울타리 안에서 어떻게 하면 아이들을 충실하게 따르게 할지 고심을 거듭했습니다. 허나 숱

한 갈등만 양산하며 모두가 상처받는 결과로 이어졌으며, 그것이 잘못되었다는 것을 알면서도 멈출 수 없었습니다. 우리도 그렇게 자랐고, 그것이 가장 익숙하고, 그것 이외의 다른 세계를 경험하지 못했기 때문입니다. 혁신학교를 비롯하여 많은 선생님들이 현장에서 새로운 질문을 던지고 실천하고 있는 것을 봅니다. 그 힘이 교육 발전을 이어 온 힘이라고 생각하며, 그 질문들이 이 책이 나올 수 있는 분위기를 만들었다고 생각합니다.

한 대안학교에서는 어떤 아이의 무단 외출이 반복되면 교사와 학생들 사이에 회의가 열린다고 합니다. 회의의 내용은 "어떻게 규제를 할까?", "어떤 처벌을 적용할까?"가 아니라 '그 아이가 왜 그런지', '요즘 무슨 일이 있는지'를 공유하고 '그 아이를 어떻게 도울지'를 상의하는 것이라고 합니다. 그리고 항상 회의의 결론은 "우리가 그동안 소홀했다.", "혼자 정말 힘들었겠다.", "우리가 더 관심을 갖자." 등으로 마무리된다고 합니다. 우리는 보통 어떠한 일이 일어난 결과, 즉 행위 중심으로만 처벌하고, 그 역시도 과정보다는 결과, 즉 어떤 것으로 처벌할 것인지에만 집중해 왔습니다. 그리고 이러한 과정에서 억울한 아이들이 생겨나는 것은 공동체 생활에서 어쩔 수 없는 일이라고 생각해 왔습니다. 그래서 아이들은 공동체 생활을 떠올리면 서로를 이해하고 사정을 배려하고 서로를 돕는 것이 아니라, 전체를 위해 개인이 피해를 보는 것이라는 인식이 더 강합니다. 공동체 생활이라는 말이 어느 때부터인가 진부해진 것은 이러한 경험이 반복되었기 때문입니다.

교육 선진국의 교육제도가 우리나라의 교육 현실을 구원해 줄 것이라는 막연한 의존에서 벗어나는 것, 교사와 학생과 부모가 서로 대립하고 맞서는 것을 멈추는 것, 그리고 가장 좋은 교육을 위해 서로 협력하고 동반자의 위치에서 연대의 인원을 늘리는 것에 작은 발판이 되기를 소망하는 마음으로 앞으로의 여정을 계속하겠습니다.

이 책은 저희들과 같은 고민을 가진 많은 선생님들 덕분에 세상에 나올 수 있었습니다. 일 년 동안 성실한 애정으로 함께한 두 저자에게 깊은 감탄을 표합니다. 이 책을 끊임없이 지지해 주고 넓은 통찰로 채워 준 착한책가게 출판사 편집부에도 감사의 말을 전합니다.

'우리'의 힘과 '질문'의 힘을 믿습니다.

저자를 대표하여

원은정

차례

1장

학교 규칙을 둘러싼
교실 풍경

선생님을 피해 다니는 🖤 아이들

감시하는 자, 감시받는 자

진호는 오늘 실내화를 깜빡하고 가져오지 않아 운동화를 신었다. 담임선생님께는 아침에 말씀드려 허락을 받았지만, 복도를 지나다닐 때마다 다른 선생님들의 매서운 눈이 운동화를 신은 진호의 발을 귀신같이 찾아냈고, 진호는 점심시간 전에만 다섯 번이나 선생님들의 지적을 받았다. 선생님들의 눈빛과 목소리는 날카로웠으며, 마치 범인을 잡은 형사처럼 묘한 성취감이 느껴지기도 했다. 진호는 오늘 하루 종일 죄인이 되어 자초지종을 설명하고 또 설명해야 했다. 나중에는 멀리서 선생님의 기척만 느껴져도 몸이 움츠러들고, 선생님들 중 누구와도 마주치기가 두려워졌다.

지난주에 전학 온 지연이는 태생적으로 머리카락 색깔이 갈색이다. 맑은 날 햇빛이 강할 때면 더 밝게 보여서, 까만 머리 일색인 학생들 사이에 있으면 마치 염색을 한 것처럼 보이기도 한다. 전학 온 지연이를 처음 본 선생님은 마치 말도 안 되는 것을 본 것처럼 눈을 동그랗게 뜨고는 "야, 너 이리 와 봐." 하고 화를 내기 시작했다. 태어났을 때부터 그랬다고 설명해도 "진짜야? 진짜지?" 하고 거듭 확인하며 의심의 눈빛을 거두지 않았다. 예전 학교에서도 지연이는 머리카락 색깔 때문에 한바탕 소동을 겪은 적이 있다. 학교 수업도 열심히 듣고 선생님 말씀도 잘 듣는 모범생이었지만, 머리카락 색깔이 까맣지 않다는 이유만으로 지연이는 선생님들의 오해를 받아야만 했다. 지연이의 머리카락 색깔이 염색이 아닌 자연색이라는 사실이 알려지기까지는 꽤 오랜 시간이 걸렸다. 이와 같은 소동을 지연이는 새로 전학 온 학교에서 다시 치르고 있다. '아, 이번에는 얼마나 걸릴까?' 지연이는 잔뜩 주눅이 든 상태로 반복해서 자신을 설명하는 일이 힘들고 피곤하다. 나쁜 짓을 저지르지도 않았는데 마치 죄인이 된 것 같다. 복도에서 선생님을 마주치는 일이 그저 두려울 뿐이다.

현재 학교에는 수많은 진호와 지연이가 있다. 무슨 대단한 잘못을 저지른 것도 아닌데 눈에 띈다는 이유로 지적을 받는 아이들……. 게다가 학교에는 무수한 감시자가 있어서 한 번 지적당하는 것으로 끝나지 않고 계속해서 새로운 감시자를 만나게 된다.

아이들은 학교에서 선생님을 만나면 자기도 모르게 스스로를 점검한다. 선생님은 항상 '지적하는 사람'이기 때문이다. 하루에도 수

십 번씩 '너는 치마 길이가 왜 그러니?', '머리 모양이 왜 그러니?' 같은 말들이 교실 안팎에서 들려온다. 학교 전체 규율이 엄격하거나 규율에 엄격한 선생님인 경우에는 더 자주, 더 강력하게 지적한다. 가끔은 선생님의 눈이 공항에서 탑승 수속을 할 때 지나가야 하는 스캐너처럼 보이기도 한다. 자연스럽게 아이들은 지적을 많이 하는 선생님을 피해 다니게 되고, 지적을 많이 받는 아이일수록 선생님과 심리적 거리감이 생긴다. 혹시 자신이 지적을 당할 수도 있는 모습이나 행동을 하고 있다면 선생님은 반가운 존재가 아니라, 반드시 피해야만 하는 존재가 된다. 실제로 아이들은 자신들을 끊임없이 지적하는 선생님에 대해 어떻게 생각하고 있을까?

"저희 학교에도 있어요. 그 선생님만 만나면 움츠러들어요. 저도 모르게 실수한 게 있을 것 같아서요. 그런데 어차피 학교 규칙을 지키지 않는 아이들은 계속해서 안 지키는 것 같고, 선생님을 피하거나 속이는 기술만 늘어나는 것 같아요. 원래 학교 규칙을 잘 지키던 아이들의 자기 검열은 강화되고요."_이수민 중학교 3학년

"그런 선생님 싫어하죠. 좋아할 수가 없어요. 유독 저만 보면 지적을 하세요. 뭔가 지적할 게 없어도 지적할 것을 반드시 찾아내야 한다고 생각하시는 것 같아요. 학년 초에 몇 번 지적받은 적이 있었는데 제 이미지가 그렇게 굳어졌나 봐요. 그 이후로 몇 번인가 선생님께 잘 보이

려고 노력했는데, 그냥 저를 한심하게 보시는 것 같아서 포기했어요."

_김나연 중학교 3학년

이처럼 아이들은 학교 내에서 감시받는 존재가 되는 것을 불편해한다. 사실 아이들의 이러한 마음을 이해하기란 그리 어렵지 않다. 어른들도 학창 시절에 대부분 비슷한 경험을 했기 때문이다. 쉬는 시간에 복도를 지나다가 엄한 선생님을 만나면 어쩐지 불안한 마음이 먼저 들었던 경험이 어른들에게도 있을 것이다. 혹시 나도 모르게 실수한 게 있는 건 아닐까 싶어 아무 잘못도 하지 않았는데 고개를 숙이고 긴장의 끈을 놓지 않으며 조심조심 걷던 기억 말이다.

교사와 학생 사이에 벌어지는 서글픈 술래잡기

누구나 어렸을 적에 한 번쯤 술래잡기를 해 봤을 것이다. 술래잡기를 시작하면 술래는 다른 아이들을 잡기 위해 혈안이 되고, 아이들은 술래에게 잡히지 않기 위해 이리저리 도망을 다닌다. 교사와 학생들도 학교에서 술래잡기를 한다. 학교 규칙을 어긴 학생들을 잡기 위해 혈안이 된 선생님과 선생님에게 잡히지 않기 위해 도망 다니는 아이들의 모습을 보고 있으면, 그야말로 술래잡기를 하는 것처럼 보인다. 세월이 지나도 규칙만 조금씩 달라질 뿐 교사와 학생 사이에 서글픈 술래잡기는 계속되고 있다. 그렇다면 이처럼 끝나지 않는 술래잡기의 술래 역할을 하고 있는 교사들은 어떠한 생각을 하고 있을까?

> "일종의 역할 놀이처럼 느껴질 때가 있어요. 저는 찾아내는 역할이고 아이들은 숨거나 숨기는 역할인 거죠. 학창 시절에 제가 무척이나 싫어했던 일을 제가 하고 있다는 생각이 들면 가끔 씁쓸해지기도 하는데, 그냥 '이게 교사의 일인가 보다.'라고 생각하며 체념하게 됩니다."
>
> _이상민 고등학교 교사

나 역시 학창 시절에는 '감시받는 자'의 입장에서 '감시하는 자'인 선생님들을 보며 전혀 힘들지 않을 거라고 생각했다. 어린 마음에 오히려 재미있을 것 같다는 생각까지 한 적이 있다. 하지만 교사가 되고 보니 학생을 감시하는 일은 참 힘든 일이고 전혀 재미있지도 않았다. 아이들과 수평적인 관계를 만들고 싶어도, 교사와 학생의 역할이 '쫓는 자'와 '쫓기는 자'의 관계로 고착되어 있어 새로 관계를 설정하는 일이 쉽지 않았다. 위의 인터뷰에서 확인할 수 있듯이 교사들 역시 자신이 감시자가 되는 상황을 유쾌하게 생각하지 않는다. 학생을 감시해야 하는 입장이 되는 것은 결코 즐거운 일이 아니다. 교사와 학생의 관계 역시 하나의 인간관계인데, 감시하고 감시받는 입장이 되면 결코 마음을 교류하는 사이로 발전하기 힘들다.

술래 한 명이 더 이상 술래잡기를 하지 않겠다고 마음을 먹더라도, 다른 술래가 있는 한 술래잡기는 끝나지 않는다. 교사와 학생, 누구도 행복하지 않은 서글픈 술래잡기를 끝내기 위해서는 무엇보다 학교 공동체 구성원들의 공감과 연대가 필요하다.

누구를 위한
학교 규칙인가

규칙은 어디에나 존재한다

사람들이 모여 사는 곳에는 늘 규칙이 존재한다. 규칙은 일종의
약속이다. 사람들은 공동생활을 유지하기 위해 규칙을 만들고, 이를
지키기 위해 노력해 왔다. 인류의 역사만큼이나 오래된 인간 사회의
규칙은 시간이 흐르면서 더욱 다양해지고 복잡해졌으며 정교해졌
다. 규칙은 시대에 따라 새로 만들어지기도 하고 수정되기도 한다.
예를 들면, '다른 사람을 죽이면 안 된다'는 규칙은 원시사회부터 이
어져 온 규칙이지만, '불법 다운로드를 해서는 안 된다'는 규칙은 최
근에 새로 만들어진 규칙이다.

규칙은 자율적으로 지켜지기도 하지만 강제적으로 지켜지기도
한다. 특히 국가는 사회질서를 유지하기 위해 필요한 규칙들을 법률

로 정하고, 이를 어길 경우에 국가권력을 동원하여 사회적 불이익을 준다. 예를 들어, 다른 사람의 물건을 훔친 사람은 징역형이나 벌금형을 받고, 무단횡단을 한 사람은 벌금형이나 구류형을 받는다. 사회봉사 명령이나 준법 교육 수강 명령을 받는 경우도 있다.

규칙은 공간의 정체성과 밀접한 연관을 갖고 있다. 예를 들면, 교도소라는 공간은 바로잡아 인도한다는 뜻인 '교도矯導'의 공간이므로 개인의 자유를 상당 부분 제약하는 규칙을 가지고 있으며, 그 공간에 속한 이들은 누구라도 예외 없이 이를 따라야 한다. 강제적 규칙이 적용되는 교도소와 달리 암묵적 규칙이 적용되는 곳도 있다. 예를 들어, 영화관에서 라면을 끓여 먹는다면 법적 처벌을 받지는 않겠지만 다른 관람객에게 방해가 되기 때문에 영화관에서 쫓겨날수 있다. 영화에 조용히 집중할 수 있도록 서로 조심하고 배려해야 한다는 것이 영화관이라는 공간에서의 암묵적 규칙이기 때문이다.

우리의 하루는 공간에서 공간으로 이어진다. 그리고 공간이 변할 때마다 우리가 지켜야 할 규칙도 변한다. 집에서 큰 소리로 노래를 부르는 사람도 버스나 전철 안에서는 그렇게 하지 않는다. 집과 학교, 회사, 식당, 카페 등 공간에 따라 다양하게 적용되는 규칙들은 자연스럽게 그 공간의 문화를 형성한다. 이처럼 규칙은 한 사회와 이를 이루는 다양한 공간의 정체성과 문화를 형성하는 중요한 역할을 하기도 한다.

학교 규칙은 학교 공간의 특성을 반영하고 있는가

학교에도 학교 운영 및 생활에 관한 다양한 규칙이 있다. 그런데 학교라는 공간은 사설 학원이나 강습소와 달리, 국가에서 정한 교육 과정에 따라 공식적으로 배움이 이루어지는 곳이라는 특수성을 갖는다. 그리고 이러한 배움은 수업 시간에만 이루어지는 게 아니라, 학교 공동체의 다양한 구성원이 함께 생활하고 활동하는 가운데 이루어진다. 학교 교육과정에는 '표면적 교육과정'과 '잠재적 교육과정'이 있는데, 표면적 교육과정은 정규 수업을 가리키며 잠재적 교육과정은 학교생활을 통해 자연스럽게 일어나는 다양한 교육 효과를 가리킨다. 학교 규칙은 이 잠재적 교육과정에 큰 영향을 미친다.

아이들은 무의식적으로 학교 규칙을 통해 다양한 것을 체득한다. 예를 들어, '교실에서 큰 소리로 떠들지 않아야 한다'는 규칙을 통해 혼자 마음대로 떠들면 다른 친구들이 수업에 집중하거나 쉬고 있을 때 방해가 될 수 있다는 것을 배우고, '교실이나 복도에서 뛰어다녀서는 안 된다'는 규칙을 통해 학교 공간에서 부주의하게 움직이면 사고가 날 수 있다는 것을 배우게 된다.

학교는 아이들이 처음으로 경험하는 작은 사회다. 아이들은 초등학교에 입학하면 유치원 때와는 수준이 다른 공동체 생활을 경험한다. 이때부터 아이들은 정해진 규칙을 따르고, 책임감 있게 자신의 역할을 수행하며, 학급 친구들과 주체적인 인간관계를 맺기 시작한다. 선생님과의 관계도 좀 더 엄격해진다. 유치원 선생님에게는 아이들에 대한 '보육'의 역할이 강조되지만, 초등학교 선생님에게는 아이들에 대한 '훈육'의 역할이 강조되기 때문이다. 이처럼 학교라는 공간은 아이들에게 미리 사회를 경험하게 하고, 자율적이며 주체적인 시민으로 자랄 수 있도록 돕는 곳이다. 그렇다면 오늘날 우리의 학교 규칙은 이러한 학교 공간의 특성을 잘 반영하고 있을까?

학교 규칙은 학생 중심인가

대부분의 학교 규칙은 학생을 대상으로 적용된다. 따라서 학교 규칙에 가장 민감한 이들도 바로 학생이다. 그러나 오늘날의 학교 규칙은 학생을 '대상'으로 만들어지고 운영될 뿐, 학생을 '중심'으로 만들어지고 운영되지는 않는다. 학교 규칙과 관련하여 학생들은 여전히 수동적인 입장에 놓여 있다. 다음은 '학교 규칙이 꼭 필요한가?'라는 질문에 대한 학생들의 답변이다.

"꼭 필요하다고 생각해요. 학교 안에서 함께 공부도 하고 놀기도 하려면 서로에 대한 예의를 지켜야 하잖아요." _이솔빛 초등학교 5학년

"학교에 규칙이 없어지면 마음대로 행동하는 아이들 때문에 문제가 생

길 거예요. 규칙이 없어지면 안돼요." _심민지 초등학교 6학년

"학교에 규칙이 있기 때문에 우리가 공동생활을 할 수 있는 거래요. 너무 엄격하면 군대처럼 느껴질 수도 있겠지만, 그래도 분명히 규칙은 필요해요." _박나라 초등학교 6학년

"규칙 자체가 문제가 있다고 생각하지는 않아요. 규칙을 통해 학생들을 억압하는 것은 문제겠지만, 공동체를 유지하기 위해서 어느 정도의 규칙은 필요하다고 생각합니다." _김지민 고등학교 1학년

"학교에 규칙이 없다면 많이 혼란스러울 것 같아요. 무엇보다 규칙을 통해 최소한 수업에 집중할 수 있는 환경은 만들어 줘야 하지 않을까요? 다만 규칙을 제정할 때 학생들을 참여시켜 과도한 규칙에 대한 불만을 줄여 나가면 좋을 것 같아요." _박유리 고등학교 2학년

실제로 대다수의 아이들은 학교 규칙이 필요하다고 인식하고 있었으며, 정해진 규칙이 합리적이라면 이를 따를 수 있고 또 따라야 한다고 답했다. 아이들이 규칙이 필요하다고 생각하는 이유의 핵심은 다름 아닌 '관계'였다. 학교 공동체의 구성원이 한 공간에서 서로 좋은 관계를 유지하며 지내기 위해서는 규칙이 필요하다는 것이다. 이처럼 아이들은 학교 규칙의 필요성을 인정하고 있었지만, 학교 규

칙에 불만이 없는 것은 아니었다. '학교 규칙 때문에 힘들었던 경험이 있었는가?'라는 질문에 대한 학생들의 답변을 들어 보자.

"수업 시간에 조금이라도 늦으면 벌점을 주는 규칙이 있었어요. 쉬는 시간에 화장실에 가거나 하면 조금 늦을 때도 있는데, 종 치면 바로 들어와야 하고 1초라도 늦으면 바로 벌점을 받아서 아예 쉬는 시간에 밖에 나가지 않는 아이들이 많았어요." _조예리 초등학교 5학년

"수업 시간에 웃으면 안 된다는 규칙이 있었어요. 그래서 친구가 장난을 치거나 말을 걸면 하지 말라고 정색해야 했어요. 반대로 심술 맞은 친구들은 일부러 다른 친구들을 웃게 해서 혼나게 만들기도 했죠. 웃으면 좋은 건데 왜 벌점을 줘요?" _양미나 초등학교 6학년

"등교할 때 체육복을 입지 말라는 규칙이 있는데, 생활복은 허용하면서 체육복은 왜 금지하는지 모르겠어요. 학년이 올라가면서 키가 자라니까 생활복이 몸에 꽉 끼어서 체육복 반바지를 입는데, 매번 혼나서 선생님들 피해 다니는 게 일이에요." _곽진수 중학교 3학년

"사람마다 더위와 추위를 느끼는 정도가 다른데, 춘추복·하복·동복 착용 기간을 학교에서 정해 주는 게 불만이에요. 저는 더위를 많이 타는 편인데, 하복에서 춘추복으로 넘어가는 시기에 춘추복을 입고 등교

하면 하루 종일 더워서 짜증이 났어요. 어휴, 아침에 버스를 놓쳐서 뛰기라도 하면……." _표준서 고등학교 1학년

이처럼 학생들이 불만을 갖고 있는 규칙은 학생들의 실제 생활과 맞지 않는 규칙이었다. 아이들의 발달단계와 특성을 고려하지 않은 채 '표준'과 '질서'만을 강요하는 일방적인 학교 규칙 때문에 아이들은 힘들어하고 있었다.

'수업 시간에 늦으면 벌점을 준다'는 규칙을 한번 살펴보자. 아이들에게 쉬는 시간은 또래 문화를 형성하는 중요한 시간이다. 쉬는 시간으로 주어진 10분 동안 아이들은 바깥바람을 쐬거나 화장실에 가고, 친구와 매점에 가거나 수다를 떨고, 수업 준비를 하거나 말 그대로 가만히 쉬기도 한다. 게다가 쉬는 시간이 끝날 때 울리는 종소리는 수업 시간의 시작을 알리는 종소리이다. 그래서 교사든 학생이든 때로는 종소리를 듣고 나서야 쉬는 시간이 끝났음을 알기도 한다. 이러한 상황에서 예외 없이 벌점을 적용하게 되면, 아이들은 쉬는 시간을 적절하게 활용하지 못하고, 쉬는 시간이 언제 끝날지 계속 주의를 기울이고 있어야만 한다. 결국 쉬는 시간은 '쉬는' 시간이 아니게 되고, 친구들과 교류하며 관계 맺는 시간도 사라지게 된다.

결국 학생에 대한 이해와 배려 없이 일방적으로 강요되는 규칙은 아이들의 학교생활을 부자연스럽고 불편하게 만들고, 이러한 경험을 통해 학교를 부정적으로 인식하게 만든다. 또한 자신을 학교의

'주체'가 아닌 감시와 통제를 받는 '대상'으로 인식함으로써, 적극적인 학교생활을 해 나가는 데 어려움을 겪게 된다.

학교 규칙은 어떠한 방식으로 만들어지는가

학생뿐만 아니라 교사에게도 학교에서 지켜야 할 여러 가지 규칙이 있다. 출퇴근 시간, 업무 배분 방식, 회의 시간 등이 여기에 속한다. 학교가 어떠한 규칙을 가지고 있는지에 따라 교사 개개인의 생활과 정체성도 크게 달라진다. 이와 관련하여 교사들과 이야기를 나누어 보았다. 규칙이 학교라는 공간에 미치는 영향을 생각해 봤을 때 규칙의 중요성에 대해 인식하고 있는 교사는 의외로 많지 않았다. 그럼에도 교사들 역시 학교 규칙이 합리적인 방식으로 만들어지고 있다고는 생각하지 않았다. 다음은 '학교 규칙은 합리적으로 만들어지고 있는가?'라는 질문에 대한 교사들의 답변 중 일부이다.

"규칙이요? 학교 규칙에 대해 교사들이 모여 이야기를 나누고 어떠한 규칙을 정할지 토론해 본 적은 없어요. 저 역시 학교 규칙에 대해 크게 고민해 보지 않았고요. 정해진 규칙을 바꾸기보다는 정해진 규칙에 순응하는 교사들이 많은 것 같아요. 실제로 규칙을 바꾸거나 새로 만들어 본 경험이 없어서 그런 게 아닐까요?"_신유정 초등학교 교사

"학교 규칙이 그렇게 민주적인 방식으로 만들어지고 있다고는 생각하지 않아요. 학교에서 제대로 된 의사소통이 이루어지지 않는 게 근본 원인이라고 생각해요. 이전 교장선생님께서 권위적인 분이셨어요. 거기에 익숙해지니까 새 교장선생님께서 오셨는데 오히려 적응하기 어렵더라고요. 새 교장선생님은 아주 민주적인 분이셨거든요. 교사들과 자유롭게 이야기하고 싶어 하시고, 어떠한 결정을 내리기 전에 늘 교사들의 의견을 반영하고 싶어 하셨어요. 지금도 기억에 남는 건, 매주 형식적으로 진행되던 전체 회의가 없어진 거예요. 전체 회의 시간에 생산적인 논의가 이루어지는 것도 아니고, 각 부서별 정보 전달만 이루어지는데 굳이 다 모여서 회의를 진행해야 하느냐는 교사들의 의견을 교장선생님께서 들어주셨거든요. 그때 처음으로 '교사들의 의견이 반영되어 뭔가가 결정될 수도 있구나.'라는 생각이 들었어요." _고은영 초등학교 교사

일반적으로 교사들이 학교 규칙에 대한 철학을 공유하며 기존의 규칙을 점검하고 정리해 볼 기회란 거의 없다. 그렇기 때문에 위 인터뷰에서처럼 이미 정해진 규칙을 해당 학교의 특성이라고 생각하고 이에 적응하며 따르는 것이 일반적이다.

그리고 많은 선생님들이 공감하는 것이 '관리자의 역할'이었다. 학교라는 조직 자체가 일반 기업과 비교하면 상대적으로 수평적이라 할 수 있지만, 최종 결정을 내리는 관리자의 위치와 역할을 무시할 수는 없다. 권위적인 관리자와 함께 근무해 본 교사는 관리자 한

사람의 영향으로 학교의 의사소통 구조가 얼마나 수직적으로 변할 수 있는지 알고 있을 것이다. 이로 인해 권위적인 학교 문화가 정착되는데, 대다수의 교사들도 이에 반론을 제기하지 않기 때문에, 대규모의 교사 전출입이 있거나 혁신적인 제도 변화가 일어나지 않는 한 이러한 문화는 쉽게 바뀌지 않는다. 이처럼 소통 자체를 포기하거나 체념하는 문화가 만들어지면 학교 구성원들의 관계는 와해되고 단절될 수밖에 없다.

"제가 지금 근무하고 있는 학교에서도 주먹구구식으로 학교 규칙이 만들어지는 경우가 많아요. 저희 학교에 차량 출입이 가능한 문으로 정문과 후문이 있는데, 오후 3시 이후에 후문을 닫아 달라는 학부모의 민원이 있었어요. 그리고 나니까 바로 그 다음 주부터 오후 3시에 후문을 닫아 버리는 거예요. 전체 회의를 통해 논의하거나 하는 과정은 전혀 없었어요. 민원이 들어오는 순간 학교 관리자에 의해 바로 실행되고, 학교 구성원들은 그냥 통보를 받는 거죠."_유지은 초등학교 교사

"교감 선생님께서 민원에 굉장히 민감하셔서 학교에 들어오는 민원은 다 받아 주세요. 교감 선생님 개인의 문제라기보다는 승진 시스템의 문제인 것 같아요. 어쨌든 현재 저희 학교에서는 민원이 학교 규칙을 만들어 내는 가장 큰 원동력이 되고 있습니다."_신영철 초등학교 교사

시간이 갈수록 학교가 교육기관이 아닌 민원 처리 기관이 되고 있다는 교사들의 푸념은 지역을 불문하고 어렵지 않게 들을 수 있다. 학교에서 문제가 생기면 승진에 불이익이 생길 수도 있기 때문에 대부분의 관리자들은 민원에 매우 민감한 편이다. 그래서 학교에 들어오는 민원을 그냥 들어주는 경우가 많다. 위의 경우에서처럼 학교 구성원들과 합리적 문제 해결을 위한 의사소통의 시간을 거치지 않고, 단지 민원 처리를 위해 학교 규칙을 변형하는 경우도 적지 않다. 학교 운영에 관한 규칙뿐 아니라 학교생활에 대한 규칙도 마찬가지다. 특히 학생 대상의 학교 규칙에 대한 학부모들의 불만을 무조건적으로 수용하다 보면 교사가 자신의 교육철학을 교육 현장에 적용하기가 힘들어진다. 이처럼 학교 규칙이 일관성을 잃어버리면 교사들도 의욕을 잃어버리게 된다.

학생들과 마찬가지로 교사 역시 학교 규칙에 대해 주체적인 입장인 경우가 드물다. 이러한 상황은 학교 공동체 구성원 모두가 학교 규칙에 대해 무비판적으로 순응하는 결과를 낳았다.

학교 규칙은 누구를 위해 존재하는가

그렇다면 학교 규칙은 도대체 무엇을 위해, 누구를 위해 존재하는 것일까? 그동안 모두가 회피해 온 질문을 교사들에게 던졌다.

"솔직히 말씀드리면 학생들을 잘 통제하기 위해 존재한다고 생각해요. 학교에 문제가 발생하면 규칙이 갑자기 강화되는 것만 봐도 그렇죠."

_남진우 중학교 교사

"점심시간에 학생들이 운동장에서 축구를 하다가 다친 적이 있어요. 그랬더니 바로 이튿날 교장선생님께서 점심시간에 운동장 사용을 금지하는 명령을 내리시더라고요. 사실은 조금 당황스러웠어요. 보통 길에서 넘어져 다친 학생이 있으면 상처를 치료하고 도로에 있는 위험 요소를 제거하지, 도로 자체를 없애지는 않잖아요. 학생들이 운동장에서 안전하게 운동할 수 있도록 살피고 지도하는 게 아니라 운동장 자체를 폐쇄한다는 게 이해하기 힘들더라고요. 그저 사고만 나지 않으면 된다고 생각하시는 것 같아요. 저도 여기에 반론을 제기하지 못하고, 아이들에게 앞으로는 점심시간에 운동장에 나가지 말라고만 했으니……할 말이 없지요. 학교에서는 이러한 일이 생각보다 자주 일어납니다."

_강요섭 중학교 교사

"학교 관리자만의 문제가 아니에요. 저희 학교 학생들이 복도에서 뛰다가 다친 적이 있는데, 곧바로 해당 학급의 담임선생님이 '화장실 출입 목적 외에는 복도에 서 있지 말 것'이라고 학급 규칙을 변경하시더라고요. 이건 좀 지나치다 싶어 말씀드렸더니, 학생들을 다치지 않게 하려면 어쩔 수 없다고 하시더라고요." _여지은 초등학교 교사

학교 규칙, 특히 학생 대상의 규칙은 학교에서 사고나 문제가 발생하지 않도록 막기 위한 것이라는 게 교사들의 한결같은 의견이었다. 실제로 사고 예방을 목적으로 운동장에서 골대를 없애는 학교도 적지 않으며, 심지어 사고 위험성을 이유로 각종 외부 활동을 없애는 학교도 있다. 학교 규칙의 목적 중 하나가 사고 예방인 것은 사실이지만, 사고 예방이 학교 규칙의 단 하나뿐인 목적이 되어서는 안 될 것이다. 여기서 한 가지 더 주목할 것은 '학교 규칙을 만드는 주체가 누구인가?' 하는 것이다.

"누구를 위한 규칙이냐고요? 어떤 규칙이든 대부분 규칙을 만드는 사람에게 유리하게 만들어진다고 생각해요. 관리자가 만든다면 관리자에게 유리한 규칙이 만들어지고, 교사들이 만든다면 교사들에게 유리한 규칙들이 만들어지는 거죠. 학부모들의 민원을 통해 규칙이 만들어지는 학교라면 학부모들을 위한 규칙이 많겠죠."_조향미 초등학교 교사

위 인터뷰 내용에서 확인할 수 있듯이 규칙을 만드는 권한을 누가 가지고 있는가는 매우 중요한 문제이다. 학교에서 관리자만 규칙을 만드는 권한을 가지고 있다면 관리자에게 편한 규칙을 만들기 쉽다. 교실에서도 교사들만 규칙을 만드는 권한을 가지고 있다면 교사들에게 유리한 규칙을 정하기 쉽다. 이처럼 규칙을 만드는 실질적 주체가 누구인가에 따라 규칙의 방향과 내용이 바뀌게 된다.

학교에는 학교 단위의 규칙과 학급 단위의 규칙이 있다. 학생들이 가장 많은 시간을 보내는 공간이 교실이라는 점을 생각하면, 학급 단위의 규칙은 특히 더 중요하다고 할 수 있다. 학급 규칙에 있어 담임교사는 매우 중요한 역할을 한다. 학급 규칙을 제정하고 운영하는 동시에 누가 규칙을 얼마나 어겼는지 판단하는 권한을 갖기 때문이다. 예를 들어 '교실 안에서 욕을 하지 말자'는 규칙이 만들어지면, 해당 규칙의 시행 방식을 정하는 것도 교사이며, 학생 중 누군가가 욕을 했을 경우에 어떤 제재를 가할지 판단하는 것도 교사이다. 그러나 이처럼 막강한 권한을 가진 교사가 가장 먼저 고민해야 할 것은 '아이들과 함께 어떠한 교실을 만들어 갈 것인가?'이다. 학급 규칙은 교실 문화와 정체성을 만들어 내고, 아이들에게 다른 사람과 더불어 사는 법을 가르쳐 주는 역할을 한다. 그렇다면 교사는 아이들에게 어떤 규칙이 필요하고 어떤 규칙이 필요하지 않은지 고민해야 하며, 똑같은 규칙이라도 어떠한 과정을 통해 만들어지는 것이 옳은지 고민해야 한다. 나아가 학생들이 규칙에 대해 스스로 생각하고, 자신들의 생활과 필요에 맞는 규칙을 만들어 볼 수 있도록 도와야 할 것이다.

학교 규칙은 누가 만드는가에 따라 달라진다. 여기서 핵심은 '규칙을 만드는 주체의 범위'이다. 즉, 관리자들만 규칙을 만들어 내는지, 교사들도 함께 만들어 내는지, 나아가 학생들의 의견까지 반영되는지가 중요하다는 뜻이다. 학교 규칙은 지역마다 다를 수 있고 학교마다 다를 수 있다. 예를 들어, 초등학교의 경우에는 발달단계의 특성상 아이들이 규칙을 만드는 주체가 되기 어려울 수도 있다. 그러나 무엇보다 중요한 것은 학교 공동체의 모든 구성원이 학교 규칙의 중요성을 인지하고, 서로 의견을 나누며, 모두를 위한 학교 규칙을 만들기 위해 노력하는 태도일 것이다.

학교 규칙은 그 자체로 교육적이어야 한다

학교라는 공간은 아주 분명한 목표를 가지고 있다. 바로 '교육'이다. 학교 공간 안에서 이루어지는 모든 행위는 교육을 목표로 이루어져야 한다. 그렇다면 학교 규칙도 '교육'을 목표로 만들어지고 운영되어야 할 것이다. 아이들에게 어떤 공간에서 무엇을 배우게 할 것인가에 대한 고민이 있어야 하며, 이것이 '어떠한 규칙을 정해야 할 것인가'에 대한 고민으로 이어져야 한다.

학교 규칙을 만들고 운영하는 일 자체가 교육과정의 일부가 되어야 한다. 앞서 언급했듯이 학교 규칙은 학교생활을 통해 자연스럽게 이루어지는 '잠재적 교육과정'에 큰 영향을 미치기 때문이다. 우리나라의 교육과정은 끊임없이 개정되고 있다. 그러나 교육과정이 개정되더라도 그것이 따르는 법적 기저는 바뀌지 않는다. 현재 교육 관련 법률 혹은 규칙이 따르는 가장 상위의 법적 기저는 헌법

제31조이며, 그 아래 교육기본법 제2조가 있다. 내용은 다음과 같다.

> **교육은 홍익인간의 이념 아래 모든 국민으로 하여금 인격을 도야하고 자주적 생활능력과 민주시민으로서 필요한 자질을 갖추게 함으로써 인간다운 삶을 영위하게 하고 민주국가의 발전과 인류공영의 이상을 실현하는 데에 이바지하게 함을 목적으로 한다.**

여기서 우리가 주목해야 할 부분은 '자주적 생활능력'과 '민주시민으로서 필요한 자질'이다. 이러한 능력과 자질은 교과 수업을 통해서도 기를 수 있지만, 학교 공간 안에서 이루어지는 '사회생활'을 통해 더욱 자연스럽게 기를 수 있다. '사회생활'의 핵심은 '관계'이며, 학교 구성원들 간의 '관계'는 '학교 규칙'의 존재 이유이자 목적이다. 학교는 뛰어난 소수의 아이들을 엘리트로 성장시키는 곳이 아니라, 학교 공간을 거쳐 간 모든 아이들을 건강한 시민이자 사회 구성원으로 성장시키는 곳이다. 따라서 '학교 규칙'이 만들어지고 실현되는 과정도 이러한 교육적 목표와 목적에 따라 이루어져야 한다.

우리나라는 오래 전부터 다른 나라의 교육 사례를 연구하고 적용하는 일을 반복해 왔다. 미국과 영국, 프랑스, 일본을 거쳐 최근에는 북유럽 국가들의 교육 방식에 주목하고 있다. 토론을 중시하는 유대인의 전통적 학습법으로 잘 알려진 '하브루타'도 마찬가지다. 교사와 학부모 사이에서 크게 화제가 된 하브루타 학습법은 한때 교사 연수 때마다 빠지지 않고 등장할 정도였다. 그러나 반짝하는 유행이었을 뿐, 그렇게 많은 교사들이 하브루타 연수를 받았음에도 실제 수업에서 성공적으로 활용했다는 이야기는 들어본 적이 없다.

지금 우리에게 필요한 것은 다른 나라의 새로운 교수법과 학습법이 아니라, 이들 국가에서 학교라는 사회가 어떻게 운영되고 있는지 제대로 이해하고 파악하는 일이다. 또 교육 방법이나 학습 내용만큼이나 생활 내용에도 관심을 기울여야 한다. 학교생활에 영향을 미치는 대표적인 것이 바로 학교 규칙이며, 공립학교와 대안학교를 구분하는 결정적 차이도 바로 학교 규칙이다. 학교 규칙의 제정과 운영이 중요한 이유는, 그 자체로 중요한 교육적 도구가 되기 때문이다. 따라서 학교의 주요 구성원인 교사와 학생이 학교 규칙을 만드는 일의 주체가 되는 것은, 단순히 합리적인 방식으로 규칙을 만든다는 의미를 넘어 교육의 원래 목적에 부합하는 일이기도 하다. 학교 규칙은 학교 구성원 모두를 위한 것인 동시에 그 자체로 교육적이어야 한다는 것을 강조하고 싶다.

행동 규제적 규칙과
가치 지향적 규칙

서로를 감시하고 고발하는 아이들

"선생님, 민식이가 또 욕했어요."

대희가 손을 번쩍 들고 선생님에게 말한다.

선생님이 민식이를 불러 혼을 내려 하자, 민식이가 억울한 표정으로 말한다.

"어제 수업 끝나고 집에 가면서 대희도 저한테 욕했어요."

민식이가 어제 있었던 일까지 끄집어내자 대희가 소리친다.

"그땐 학교 밖이었잖아. 선생님, 민식이 아까 1교시 끝나고 쉬는 시간에 몰래 과자도 먹었어요."

민식이는 씩씩대며 대희를 노려본다.

학교에서는 이와 같은 일이 매일 일어난다. 서로 싸우지 말고 잘 지내자고 만든 규칙 때문에 오히려 싸움이 벌어지기도 한다. 아이들은 서로를 '고발'하고, 친구가 그에 맞는 '벌'을 받기를 바란다. 도대체 왜 이런 일이 생기는 것일까? 규칙의 어떤 면이 아이들을 이렇게 만드는 것일까? 규칙은 무엇을 위해 존재하는 것일까?

행동 규제적 규칙

학교 규칙에는 '행동 규제적 규칙'과 '가치 지향적 규칙'이 있다. 행동 규제적 규칙이란, 특정 행동을 못 하게 하는 규칙이다. 학급 규칙은 대부분 행동 규제적 규칙이다. 그래서 학급 규칙에는 '~을 하면 안 된다'는 식의 규칙이 많다. 대표적인 예로 '교실에서 뛰면 안 된다', '친구를 때리면 안 된다'와 같은 규칙을 들 수 있다.

초등학교 선생님이 하루 종일 아이들에게 가장 많이 듣는 말은 "선생님, 누가 ~했어요."이다. 같은 반 친구가 학급 규칙을 어기거나 잘못하면 아이들은 곧바로 선생님에게 달려와 일러바친다. 규칙을 어긴 아이가 선생님에게 혼이 나는 것을 보며, 규칙 위반자를 고발한 아이는 뿌듯함을 느낀다. 이것은 아이에게 일종의 심리적 보상이자 동기부여가 되어 친구들을 계속해서 감시하게 만든다. 규칙을 어긴 아이도 마찬가지다. 자신을 고발한 아이가 규칙을 어기는 일이 없는지 살피며 호시탐탐 복수할 기회를 노린다. 가끔 자신이 저지른 행동에 비해 지나치게 혼이 난다는 생각이 들면 억울한 표정으로 "선생님은 왜 나만 차별해요."라고 대꾸하기도 한다. 똑같은 행동일지라도 상황과 맥락에 따라 다르게 판단할 수 있는데, 아이들 입장에서는 선생님의 생각과 판단을 이해하기가 쉽지 않기 때문이다. 결국 교실은 서로가 서로를 감시하고 견제하고 고발하는 곳이 된다. 온갖 행동에 트집을 잡고 비난하다가 싸움이 벌어지기도 한다. 관계를 살려야 할 규칙이 관계를 망치고 있는 것이다. 이때 만약 담임선생님이 자리에 안 계신다면 어떤 일이 벌어질까? 교실은 그야말로 난장판이 된다. 아이들은 본능적으로는 자유롭고 싶어 하면서도 이성적으로는 규칙을 지키고 싶어 한다. 그러나 지금까지 경험해 왔던 행동 규제적 규칙이 자유롭고 싶은 마음을 더 자극하게 된다. 기본적으로 행동 규제적 규칙은 자유를 제한하는 것에서 출발하기 때문이다. 자율적으로 행동을 규제해 온 것이 아니라 강제적으로 행동을 규제해 온 아이들은, 자신들을 감시하고 처벌하는 존재가 사라졌을 때 스스로 규칙을 지켜야 할 의지를 잃어버리게 된다.

물론 행동 규제적 규칙이 나쁘기만 한 것은 아니다. 행동 규제적 규칙은 수학여행이나 수련회에서처럼 단기간에 아이들을 안전하게 통솔해야 할 때 효과를 발휘한다. 예를 들어, 캠프파이어를 진행할 때 '불 가까이에 가서는 안 된다'든지, '옆 사람과 간격을 반드시 유지하고 질서를 유지해야 한다'든지 하는 행동 규제적 규칙을 적용하면 사고 예방에 도움이 된다. 그러나 단기적 관점이 아니라 장기적 관점에서 보면 행동 규제적 규칙에는 앞서 언급한 것처럼 아이들이 서로를 감시하고 견제하는 등 다양한 부작용과 역효과가 있다. 교실에서 행동 규제적 규칙을 사용할 때는 이러한 점을 반드시 염두에 두어야 한다.

가치 지향적 규칙

한편 가치 지향적 규칙이란 특정한 행동이나 태도를 권하는 규칙이다. 대표적인 예로 '교실에서 서로 존댓말 쓰기' 규칙이 있다. 주로 초등학교에서 많이 활용되지만, 중학교나 고등학교에서도 꽤 활용되는 규칙이다. 처음에 아이들은 친구들끼리 존댓말을 써야 하는 상황을 어색해하지만, 1~2주 정도의 적응 기간이 지나면 아이들도 금세 익숙해진다. 서로 존댓말을 썼을 때 가장 먼저 나타나는 효과는 욕설이나 비속어가 줄어든다는 것이다. 존댓말로 상대방에게 욕을 하기는 어렵다. 반말은 기본적으로 수직적인 관계에서 윗사람이 아랫사람에게 쓰거나, 수평적인 관계에서 아주 친밀하거나 편안한 사이에 사용하기 때문에, 기분이 상했을 때 반말을 넘어 막말이 나오기 쉽다. 하지만 존댓말은 기본적으로 수직적인 관계에서 아랫사람이 윗사람에게 쓰거나, 수평적인 관계에서 서로 예의를 차리거나 거리를 유지할 때 사용하기 때문에, 비속어 자체를 쓰기 어렵다. 아이들은 친구들과 존댓말을 쓰면서 스스로 자신의 언어를 점검하고, 상대방의 감정을 고려하여 어떤 단어와 표현을 써야 할지 고민하게 된다. 존댓말의 기본 속성인 '예의'와 '존중', 그리고 '거리감'이 아이들로 하여금 자신의 언어생활을 되돌아보고 친구들과의 관계를 재설정하도록 만들어 준 것이다. 존댓말 사용이 생활화되면 아이들은 언어뿐 아니라 태도와 행동 면에서도 예의와 배려를 갖추게 된다. 그리고 부모님이나 다른 반 친구들에게도 자연스럽게 이러한 모습을 보이게 된다. 실제로 '교실에서 서로 존댓말 쓰기' 규칙을 사용한 학급의 경우, 대부분의 아이들이 우리 반에 꼭 필요한 규칙이라고 말했고, 어떤 아이들은 졸업하고 나서도 서로 존댓말이 편하다며 계속 존댓말을 쓰기도 했다. 물론 존댓말 쓰기 규칙이 늘 효과적인 것은 아니다. 초등 고학년으로 올라갈수록 적용하기 힘들고, 다른 반 친구들과의 관계가 어색해질 수도 있다. 이처럼 모든 규칙에는 한계가 있지만, 여기서는 가치 지향적 규칙의 일례로서, 존댓말이라는 행위 자체가 아닌 그 행위에 담긴 의미와 가치를 고민해 보자는 뜻에서 소개해 보았다.

'같은 반에 도움이 필요한 친구 도와주기'와 같은 규칙도 가치 지향적 규칙이다. 학급 규칙이 한번 정해지면 그것을 지키든 지키지 않든 아이들의 사고와 행동에 영향을 미친다. 이러한 규칙이 정해져 있는 학급과 정해져 있지 않은 학급은 분위기 자체가 다르다. 누군가 몸이 불편해졌거나 어려운 일을 당했을 때 최소한 그것을 놀린다거나 외면할 수 없게 된다. '다른 친구에게 피해 주지 않기'와 같은 규칙도 마찬가지다. 학급 규칙으로 정하여 다른 친구에게 피해를 주는 행동이 무엇인지 스스로 생각해 볼 기회를 지속적으로 제공하면, 자연스럽게 교실에서 뛰거나 소리 지르는 아이들의 행동이 줄어드는 것을 볼 수 있다.

이처럼 아이들에게 특정한 행동이나 태도를 권함으로써 스스로 지켜야 할 가치를 '지향'하게 하는 규칙은, 아이들을 스스로 생각하게 하고 행동하게 하며 학급 분위기를 긍정적으로 만든다. 물론 이러한 규칙이 제대로 지켜지기 위해서는 교사의 지속적인 관심과 지도가 필요하다. 학년 초에 그럴 듯한 규칙만 만들어 놓고 아무것도 하지 않는다면, 오히려 행동 규제적 규칙보다 못한 허울만 좋은 규칙이라는 비판을 받기 쉽다.

마음속 깊은 곳에서 일어나는 의미 있는 변화를 위해

가치 지향적 규칙은 행동 규제적 규칙보다 효과가 더디게 나타날 수 있다. 그러나 아이의 사고방식과 태도 자체를 변화시켜 장기적으로 아이의 삶에 긍정적인 영향을 미칠 수 있다는 점에서 의미가 있다. 그리고 가치 지향적 규칙은 교사 개인의 힘으로 실행할 때보다 다른 교사들과 함께 가치를 공유하고 연대할 때 더 큰 효과를 발휘할 수 있다.

'다른 친구에게 피해 주지 않기'가 우리 반에만 있는 규칙이라면, 다른 반 친구들과 이야기할 때 '너희 반은 왜 그래?'라든지 '다들 너무 예민한 거 아니냐?'라는 소리를 들을 수도 있다. 이러한 말들은 아이들의 마음속 변화를 더디게 만든다. 또 이번 학년에는 가치 지향적 규칙 속에서 지내다가 학년이 바뀌고 다시 행동 규제적 규칙으로 가득한 교실에서 생활하게 된다면, 지난 일 년 동안 쌓아 온 변화는 금세 사라지고 말 것이다.

마음속 깊은 곳에서 의미 있는 변화가 일어나기 위해서는 시간의 힘이 필요하다. 그래서 교육은 지속성을 가질 때 더 큰 효과를 발휘한다. 우리 반뿐 아니라 다른 반에서도, 이번 학년뿐 아니라 다음 학년에서도 이처럼 스스로 생각하고 태도를 변화시킬 수 있는 규칙을 만난다면, 가치 지향적 규칙의 교육 효과는 배가 될 것이다. 이것이 바로 학교 공동체의 구성원으로서 교사 간에 활발한 의사소통이 이루어져야 하는 이유이기도 하다. 그러나 지금 학교 현장은 어떠한가? 끝없이 이어지는 행정 업무와 점점 더 늘어나는 민원이 교사들로 하여금 교육에 대해 고민할 수 있는 여력을 빼앗고, 가치 지향적 규칙보다 행동 규제적 규칙을 선택하게 만드는 게 아닌가 생각해 보게 된다.

아이들에게 학교는
어떠한 공간인가

공간이 사람에게 미치는 영향

사람은 어떤 공간에서 하루를 보내는지에 따라 삶의 모습과 방식이 달라진다. 〈나는 자연인이다〉라는 텔레비전 프로그램에 등장하는 사람들처럼 산속에서 자연 친화적으로 사는 사람들과 빌딩 숲속에서 도시인으로 사는 사람들은 삶을 인식하는 방식도 다르고 살아가는 모습도 다를 수밖에 없다.

행동주의 심리학에 '수동적 조건형성'이라는 이론이 있다. 러시아의 생리학자 파블로프가 제창한 이론으로 '고전적 조건형성'이라고도 부른다. 오래된 이론이지만 여전히 교육 현장에서 활용되고 있으며, 특수교육이나 정신 치료와 같은 분야에서는 방법론적으로 큰 의미를 갖고 있다. 일반 학급의 상벌 제도 역시 수동적 조건형성 이론의 한 기법으로 볼 수 있다. 수동적 조건형성은 사람의 인지적 측면보다 '동물적 반응'에 초점을 둔다. 그래서 사람에게 특정한 반응을 요구하는 '조건'을 반복적으로 제시하여 특정 조건과 특정 반응을 결합시킨다. 우리는 이와 같은 예를 일상생활에서 어렵지 않게 찾아볼 수 있다. 만약에 어떤 사람이 스트레스를 받을 때마다 마음을 가라앉히기 위해 의도적으로 모차르트 음악만을 들었다고 가정해 보자. 오랫동안 이러한 과정을 반복한다면, 식당에서 우연히 모차르트 음악을 들었을 때 저절로 마음이 가라앉게 된다. 또 내가 좋아하는 사람이 나를 만날 때마다 똑같은 향수를 뿌리고 나온다면, 우연히 어딘가에서 그 향기를 맡게 됐을 때 그 사람과 만날 때의 감정이 떠오를 수 있다. 이러한 예들을 살펴보면, 인간도 동물처럼 감각에 자극을 받으면 자동적으로 반응하는 존재라는 사실을 알 수 있다.

우리는 이 이론을 공간에도 그대로 적용해 볼 수 있다. 한 사람에게 늘 편안한 감정을 갖게 해 주는 공간이 있다면, 그 사람은 그 공간에 있는 것만으로도 자연스럽게 편안한 감정을 느낄 것이다. 반대로 늘 불편한 감정을 갖게 해 주는 공간이 있다면, 나중에는 그 공간에 들어서기만 해도 불편한 감정을 느낄 것이다. 그렇다면 사람들에게 집은 어떠한 공간일까? 대부분의 사람들에게 자신의 집은 가장 익숙하고 편안한 곳이다. 하지만 그렇기 때문에 오히려 사람들은 자기 방에서 공부를 하지 못한다. 방이 공부의 공간이 아니라 휴식의 공간이기 때문이다. 시험이 코앞이라 활활 타오르는 공부 의지를 가지고 집에 돌아오지만, 방에 들어가는 순간 마음이 풀어져 좀처럼 책상 앞에 앉게 되지 않는다. 가까스로 앉아도 효율이 떨어지는 경우가 많다. 결국 책 한 번 보다가 핸드폰 한 번 보다가를 반복하다 내일로 미루게 된다. 자기 방을 놔두고 사람들은 왜 독서실과 카페에서 공부를 하는 것일까? 물론 사람에 따라 다를 수도 있지만 앞의 내용에 공감하는 사람들이 훨씬 많을 것이다. 이처럼 공간은 사람의 무의식을 지배한다. 한 공간에서 지속적으로 어떠한 경험을 했고, 어떠한 감정을 느꼈는지에 따라 공간에 대한 인식과 태도가 달라진다. 그렇다면 아이들에게 학교라는 공간은 어떠한 곳일까?

학교는 아이들에게 가장 불편한 공간

아이들은 학교에서 하루 종일 행동에 제약을 받는다. 어디를 가도 하면 안 되는 것투성이다. 학교 규칙이 엄격해지는 중학교와 고등학교의 경우에는 더 심하다. 머리부터 발끝까지 자신의 신체와 복장을 검열당한다. 교문 밖을 벗어나도 마찬가지다. 아이들은 '학생다움'이라는 사회적 시선 아래 끊임없이 감시당하고 통제당한다.

학교 밖에서 아이들이 편하게 갈 수 있는 곳은 생각보다 많지 않다. 카페는 너무 비싸고, 노래방이나 PC방은 아이들에게 그리 안전하고 편안한 공간이 아니다. 놀이터는 청소년의 출입을 금하기도 한다. 어디를 가도 아이들은 "학생이 그래도 되나?"라는 말을 듣는다.

'공간 산업'은 빠르게 성장하고 있지만 여기에 청소년은 제외되어 있다. 예를 들어 '키즈 카페'의 경우, 불과 몇 년 전만 하더라도 쉽게 찾아볼 수 없었지만 지금은 동네마다 키즈 카페가 자리 잡고 있다. 키즈 카페나 애견 카페처럼 어린이나 반려동물을 대상으로 하는 공간은 계속해서 만들어지고 있는데 청소년을 위한 공간은 새로 만들어지지 않는 것을 보면, 마치 사회가 '청소년은 공부해야지, 마음 편하게 놀러 다녀는 안 된다'고 말하는 것 같다.

결국 아이들이 머물 곳은 학교뿐이다. 그러나 현실적으로 아이들에게 학교라는 공간은 큰 규칙에서부터 작은 규칙에 이르기까지 '해야 하는 것'과 '하지 말아야 하는 것'을 제시하는 곳이다. 아이들 입장에서는 마치 수백 개의 감시 카메라가 지켜보고 있는 것처럼 느껴질 것이다. 아이들이 가장 많은 시간을 보내야 하는 학교라는 공간은 이처럼 아이들에게 가장 불편한 공간이 되어 버렸다.

아이들이 가장 마음 편하게 있어야 할 공간, 학교

아이들이 가장 편안함을 느끼는 장소는 어디일까? 설문 조사 결과, 가장 많이 나온 답변은 '집' 또는 '내 방'이었다. 다음은 이에 대한 아이들의 생각을 정리한 것이다.

"집이 가장 편해요. 정해진 시간에 무언가를 하지 않아도 되잖아요. 편히 쉴 수 있고, 놀 수 있고, 부모님과 함께 있을 수 있어 좋아요."
_박온유 초등학교 6학년

"제 방에 있을 때 가장 편해요. 특별한 이유는 없지만, 왠지 안심되는 느낌이 들어요."_장유빈 초등학교 6학년

"집에서는 제 마음대로 할 수 있어서 좋아요. 정해진 규칙도 없고요. 부모님이 잔소리하실 때도 있지만, 그래도 다른 곳보다 마음이 편해요."_김민재 고등학교 1학년

"집에서는 다른 사람 눈치 보지 않아도 되니까 편해요. 옷이나 자세 등도 신경 쓰지 않아도 되고, 제가 하고 싶은 대로 할 수 있어서 좋아요."
_안서연 고등학교 1학년

아이들이 자신의 집이나 방에서 편안함을 느끼는 이유는 무엇일까? 무엇보다 자유롭기 때문이다. 그렇다면 학교는 아이들에게 자유로운 공간일까? 학교가 아이들에게 집처럼 자유롭고 편할 수는 없겠지만, 적어도 불편하고 싫은 공간이 되는 것은 막을 수 있지 않을

까? 인상 깊었던 한 아이의 인터뷰 내용을 소개한다.

> "가장 마음이 편한 장소는 '친구들과 친해질 수 있는 장소'라고 생각해
> 요. 놀이동산 같은 곳에 가면, 다른 사람 눈치도 안 보고, 조심해야 할
> 것도 줄어들고, 친구들과도 더 친해질 수 있어요. 그래서 학교에 있을
> 때보다 훨씬 마음이 편해요. 물론 학교에서도 마음이 편할 때가 있어
> 요. 그럴 때 보면 교실 자체가 친구와 좋은 관계를 맺을 수 있는 분위기
> 였던 것 같아요. 친구를 감시하지 않아도 되고, 친구와의 관계에 더 집
> 중할 수 있는 환경이요. 선생님과의 관계도 중요해요. 선생님과 친하
> 게 지낼 수 있는 반에서는 친구들과도 친하게 지낼 수 있었어요. 정확
> 한 이유는 모르겠지만, 저는 그랬어요."_하영지 중학교 2학년

아이들은 이처럼 무엇보다 친구와의 관계, 선생님과의 관계가
좋을 때 편안함을 느낀다. 학교는 아이들이 가장 많은 시간을 보내
는 공간인 동시에 학습하는 공간이다. 따라서 마음이 불편한 곳보다
는 마음이 편한 곳에서 아이들은 더 적극적으로 활동에 참여하고,
활발한 인간관계를 맺으며, 더 큰 배움을 만들어 나갈 수 있다.

학교, 통제가 아닌 관계의 공간으로

　학교는 사회의 축소판이다. 실제로 학교의 중요한 목표 중 하나는 '사회화'이며, 그렇기 때문에 학교에서는 아이들에게 공동체의 구성원으로서 규칙을 지키며 함께 어울려 살아가는 법을 가르친다.

　한국 사회는 근대 이후에 역사적으로 '통제'와 '감시', '검열'에 의해 운영되어 왔고, 학교와 교실 역시 이러한 방식을 그대로 답습해 왔다. 그러다가 시대가 바뀌어 오늘날 학교 교육의 목표에는 '자유'와 '창의력'이라는 단어가 빠지지 않고 등장하고 있다. 그러나 여전히 학교와 교실은 이러한 변화를 따라 가지 못하고 있다. 이른바 교육 선진국의 공통점은 학교에서 교사와 아이들의 자율성을 존중해 준다는 것이다. 우리가 이들에게 배워야 할 것은 바로 이 '자율성'이다. '나'를 통제의 대상으로 만드는 장소에서는 누구라도 불편한 마음이 들고, 벗어나고 싶은 마음이 든다.

　학교 규칙을 정할 때 아이들이 주체가 되어 보면 어떨까? 아이들이 모두 참여하여 서로를 위해 지켜 가야 할 규칙을 만들고 수정해 나간다면 어떻게 될까? 아이들이 학교 공간의 진짜 주인이 되면 학교와 교실은 아이들에게 어떠한 공간으로 느껴지게 될까?

　교사로서 개인적인 경험을 하나 소개하고자 한다. 나는 학교에서 교실 문을 잠그지 않는다. 방학 기간을 제외하고는 교실 앞문, 뒷문을 포함해 복도 창문까지 모두 잠그지 않는다. 교실은 아이들의 공간이므로 아이들에게 늘 열려 있어야 한다고 생각했고, 그래야 아이들이 가장 마음 편하게 있을 수 있고, 쉽게 찾아올 수 있다고 생각했기 때문이다. 자물쇠를 없애는 시도는 사실 별것 아니었지만, 교실이 '열린 공간'이라는 상징적 의미를 담고 있었고, 아이들은 이러한 의미를 금방 알아차렸다. 방과 후에도 많은 아이들이 교실로 찾아오고, 퇴근 시간이 지나서 혼자 교실에서 업무 처리를 할 때도 아이들이 찾아와 교실에서 놀다 가도 되냐고 묻기도 했다. 학교 수업이 다 끝났는데도 아이들이 교실에 머물고 싶어 하는 모습이 한편으로는 신기하게 느껴졌다. 교실 문을 잠그는 가장 큰 이유는 '분실의 위험'일 것이다. 그런데 오랫동안 교실 문을 열어 두면서 알게 된 것은 실제로 그런 일은 거의 일어나지 않는다는 사실이었다. 5년째 교실 문을 열어 두고 있지만 단 한 번도 문제가 생긴 적이 없다. 오히려 아이들이 알아서 불필요한 귀중품을 학교에 가지고 오지 않고, 이전보다 자기 자리를 잘 정리해 놓는다. 매 학년 초에 아이들에게 이렇게 말한다. "우리 반은 항상 우리에게 열려 있다. 이 교실은 일 년 동안 우리 모두의 교실이고, 우리가 가장 마음 편하게 와야 하는 곳이다. 단, 우리가 책임져야 할 것들은 함께 책임져 가자."

'사고 예방'은 이제 학교에서 가장 중요한 목표가 되고 있는 것 같다. 학교의 가장 중요한 목표인 '교육'이 오히려 뒤로 밀려난 형국이다. 학교에서의 모든 결정이 사고 예방을 중심으로 돌아가고 있다. 교사들 간의 의사 결정 과정에서 누군가 '사고 예방'을 들고 나

오면, 그것으로 모든 의견이 무력화되는 경험을 자주 한다. 그런데 여기에서 그치지 않고, 이 논리가 교사들의 의식을 지배해 버리면 정말이지 학교에서 아무 일도 할 수가 없다. 이와 더불어 행동 규제적 규칙이 정말로 사고를 예방하는지 의문을 가져 보기를 바란다. 교실이 아이들에게 편안하고 행복한 공간이 된다면, 어떤 사고 위험이든 크게 줄어들 것이라고 확신한다.

핵심은 '관계'라고 생각한다. 우리 반 친구와의 관계, 옆 반 친구와의 관계, 선생님과의 관계 등 좋은 관계를 맺을 수 있는 장소가 아이들이 편하게 느끼는 장소가 될 것이다. 부모님과의 관계가 불편하다면 집도 불편한 장소가 되듯이, 학교는 교육을 위해서라도 아이들에게 편안한 장소가 되어야 한다. 학교 공동체 구성원들 사이에 좋은 관계를 만들어 내는 교육적 도구이자 목표로서 규칙이 존재하고 있는지 모두 함께 고민해 나가길 기대한다.

2 장

학교 규칙의
역사와 문화

관습처럼 이어져 온
학교 규칙

'사랑의 매'라고 불리던 체벌

대부분의 학교 규칙은 '학생다움'이라는 모호한 원칙 아래 관습화되어 있다. 이에 대해 아무도 이의를 제기하지 않고, 의심 없이 이전의 방식을 그대로 답습한다. 이러한 관행을 이해하고 비판하기 위해서는 학교 규칙의 역사를 들여다봐야 한다. 오늘날의 학교 규칙은 어디에 뿌리를 두고 있을까? 학교 규칙의 역사를 되짚어 보자.

구한말에 선교사들에 의해 생겨난 근대 학교는 일제강점기와 군사정권 시기를 거치며 권위주의 문화가 자리 잡게 되었다. 여기서 말하는 '권위주의'는 무슨 일에든 권위를 앞세우거나 권위를 무조건 따르는 사고 또는 행동 방식을 가리킨다. 이후 시대가 바뀌고 민주화 과정을 거치며 권위주의적 학교 문화에도 변화의 바람이 불게 되었다. 관습적으로 이어져 오던 학교 규칙에 대한 의문이 시작된 것이다. 사람들은 이전까지 당연하게 여기던 학교 규칙들이 정말로 학생을 위한 것인지 의심하기 시작했다. 대표적인 것이 '체벌'이다.

한국 사회의 권위주의적이고 폭력적인 훈육 방식은 일제강점기에 시작되어 군사정권 시기를 거치며 더욱 강화되었고, 이러한 훈육 방식이 일상화된 곳이 바로 학교였다. '효율적인 통제'를 위해 체벌은 정당화되었고, 의심의 여지없이 매우 효과적인 훈육 방법으로 인식되었다. 실제로 1990년대까지만 해도 체벌은 최고의 통제 수단이었다. 학생들은 학교에서 친구와 떠든다고 맞고, 복장이 불량하다고 맞고, 공부를 안 한다고 맞고, 교사의 말을 안 듣는다고 맞고, 그야말로 온갖 이유로 맞았다. 체벌의 도구도 다양해서 손과 발은 물론 출석부, 책, 슬리퍼, 회초리, 대걸레, 골프채, 복싱 글러브 등 온갖 도구들로 맞았다.

당시에는 학교에서 심하게 체벌을 당해도 하소연할 곳이 없었다. 혹시라도 부모님에게 이야기하면 '혼날 짓을 했으니 맞은 것 아니냐'며 오히려 더 큰 꾸지람을 듣는 경우도 많았다. 그래서 학교에서 맞아도 집에 가서 말하지 않는 아이들이 많았다. 요즘 같은 시대에는 상상하기 힘든 일이지만, 당시에는 사회 분위기가 지금과 많이 달랐다. 적당한 체벌이 학습에 도움이 된다는 인식이 팽배했으며, '우리 아이를 때려서라도 가르쳐 달라'는 부모들도 쉽게 찾아볼 수 있었다. 이러한 사회적 인식이 잘 드러나는 말이 바로 '사랑의 매'이다. 한때 한국 사회에서 체벌은 '사랑의 매'로 불렀다. 학교에서도 가정에서도 마찬가지였다. '사랑의 매'는 체벌을 하는 사람은 물론 체벌을 당하는 사람까지 합리화시키는 매우 강력한 언어였다.

그러나 사회 전반적으로 인권 의식에 눈을 뜨면서 체벌에 대한 비판의 목소리가 커지기 시작했다. 이후 인권의 범위가 확장되면서 학생인권조례가 제정되고 체벌이 전면 금지되는 시대가 열렸다. 학교에 만연해 있던 체벌 문화에 커다란 변화의 바람을 일으킨 학생인권조례는 경기도를 시작으로 다른 지역으로 확산되어 갔고, 체벌 문화에 대해 진지하게 생각해 보는 계기가 되었다. "애들은 맞아야 말을 잘 듣는다"고 말하면 구시대적 사고방식을 가진 사람으로 낙인찍히고, 가정이나 학교에서 심한 체벌을 하면 법적 처벌을 받는 시대가 되었다. 이와 함께 체벌의 부정적 효과에 대한 연구가 진행되면서, 오랫동안 사회를 지배해 온 체벌 긍정론은 이제 소수 의견으로 전락하게 되었으며, 그마저도 당당하게 의견을 내세울 수 없는 시대로 접어들었다.

최근에는 학교에서뿐만 아니라 가정에서도 부모가 자녀를 체벌하지 못하도록 하는 '자녀 체벌 금지법' 제정이 추진되고 있다. 스웨덴에서는 1979년부터 자녀 체벌을 금지해 왔고, 현재 대부분의 선진국에서 자녀 체벌을 금지하고 있으며, 체벌을 하는 경우 아동 학대로 간주되어 법적 처벌을 받는다. 우리나라도 이러한 시대적 변화에 따라 학교에서는 물론 가정에서의 체벌을 금지하는 방향으로 바꿔고 있다고 볼 수 있다. 이러한 변화가 의미하는 것은 무엇일까? 기존에 우리가 당연하게 생각해 오던 것들이 사실은 당연한 것이 아닐 수도 있다는 뜻이며, 우리가 별다른 의심 없이 해 오던 것들이 사회 변화에 따라 개혁의 대상이 될 수 있다는 뜻일 것이다.

의심 없이 대물림되는 학교 규칙

오늘날의 학교 규칙에는 '체벌'의 경우처럼 폐지되거나 개선되어야 할 내용이 상당수 존재한다. 자세히 살펴보면 대부분 합리적인 이유 없이 관습처럼 대물림되는 것들이다. '관습'이란 '특정한 사회 또는 집단 속에서 전통적으로 이어져 온 행동 양식'을 뜻한다. 관습은 '예전부터 그렇게 해 왔고, 다른 사람들도 그렇게 하고 있으니까' 라고 생각하며 의심 없이 따르는 경우가 많다. 학교 규칙도 마찬가지다. 대표적인 사례를 몇 가지 살펴보자.

- 학생은 뒷문으로만 출입한다.
- 학생은 승강기를 사용할 수 없다.
- 수업 시간에 턱을 괴고 앉으면 안 된다.
- 학생은 중앙 현관이나 계단을 이용할 수 없다.

나도 학창 시절에 위와 같은 규칙들을 접했고, 잘 지키려고 노력했던 기억이 난다. 초등학교 때 같은 반 친구가 턱을 괴고 수업을 듣다가 선생님에게 뺨을 맞는 것을 본 후에는 수업 시간에 무의식적으로라도 턱을 괴지 않기 위해 애썼던 기억도 있다. 과거에는 학생들에게 중앙 현관이나 계단을 이용하지 못하게 하는 학교가 많았다. 문제는 왜 그래야 하는지 아무도 설명해 주지 않았다는 것이다. 어린 나이에 잘 이해가 되지 않는 내용들이었는데, 어른이 되어 교사가 된 후에도 이러한 규칙이 남아 있는 학교가 있다는 사실에 놀라곤 했다. 선배 교사들에게 왜 이러한 규칙이 생겨났는지 물어봐도 납득할 만한 대답을 들을 수 없었다. 명확한 이유는 알 수 없지만, 대체로 교사의 권위를 위해 존재했던 게 아닌가 싶다. 누군가는 위에 언급한 규칙을 보면서 '저런 학교가 지금 어디 있을까?'라고 생각할지도 모른다. 하지만 여전히 학교 현장에는 다음과 같이 교사들조차 이해하기 힘든 규칙이 관습처럼 이어져 내려오고 있다.

- 여학생은 흰색 양말만 신어야 한다.
- 여학생은 남자 교복 하의를 착용할 수 없다.
- 실내화는 흰색만 허용된다.
- 용모는 학생답게 단정해야 한다.
- 교내에서의 연애를 금지한다.

'용모는 학생답게 단정해야 한다'는 규칙과 '학생은 중앙 현관이나 계단을 이용할 수 없다'는 규칙은 무슨 차이가 있을까? 여학생은 왜 흰색 실내화와 흰색 양말만 신어야 하고, 남학생이 입는 교복 바지를 입으면 안 되는 걸까? 학교 규칙에 가장 많이 언급되는 단어가 바로 '학생다움'이다. 학생다운 교복, 학생다운 신발, 학생다운 양말, 학생다운 스타킹, 학생다운 두발 등이 그 예다. 그러나 '학생다움'은 매우 모호하고 주관적인 기준이다. '학생다움'을 수치로 측정할 수 있을까? 파란색 양말을 신고 검은색 실내화를 신으면 '학생답지 못한 것'일까? 학습에 방해가 되기 때문에 머리를 단정하게 해야 하고 교복을 입어야 한다는 주장도 전혀 과학적이거나 합리적이지 않다. 근거가 부족하기 때문에 설득력이 떨어지고, 그 빈자리를 그저 교사의 권위로 채우고 있는 것이다.

학생의 용모와 복장을 규제하는 이유는 무엇일까? 이러한 규칙에 대해 '외모에 신경 쓰는 학생들은 공부를 못한다'거나 '외모에 대한 규제를 완화하면 학교 수준이 떨어진다'는 식의 근거 없는 말들이 여전히 학교 안에 떠돌고 있는 것이 현실이다. 외모에 신경 쓰는 것이 공부와 어떠한 상관관계가 있는지 밝혀진 연구는 현재까지 없다. 게다가 교내에서 연애를 금지하는 규칙은 인권 침해적 요소가 강하고, 여학생의 복장을 특정하거나 남자 교복을 입을 수 없도록 하는 것은 성 차별적 요소가 강하다. 이처럼 학교에는 시대 변화에 맞지 않는 규칙이 남아 있지만, 관리자는 관리자대로 교사는 교사대로 관습화된 규칙에 의문을 제기하지 않고, 아이들의 질문을 무시한 채 이러한 관행에 동참하게 된다.

자기 자신과 이웃, 세상에 대해 끊임없이 질문을 던지며 자아를 확립해 나가는 청소년 시기에 아이들이 이처럼 설득력 없는 규칙을 진심으로 수긍하고 따를 수 있을까? 규칙은 공동체를 유지하기 위해 반드시 필요하지만, 구성원들의 의사가 충분히 반영되지 않은 채 일방적으로 강요되는 규칙은 반감을 유발하고 갈등을 일으킬 뿐이다. 학교가 아이들을 이해되지 않는 규칙으로 통제하려고만 할수록, 아이들은 마음을 닫는 것으로 저항할 수밖에 없으며, 그럴수록 학교 현장에서는 불필요한 에너지 소모만 커지게 된다.

교사 : 우리 학교에서는 이렇게 행동해서는 안 된다.

학생 : 왜요?

교사 : 학교 규칙에 그렇게 나와 있어.

학생 : 그 규칙을 만들 때 저희 의견은 듣지도 않았잖아요. 전 이 규칙 인정할 수 없어요.

교사 : 잔말 말고 그냥 시키는 대로 해!

위의 대화와 같이 합리성이 결여된 채 관습적으로 이어져 온 모호한 규칙들은 학교 현장에서 교사와 학생의 주된 갈등 요인으로 작용하고 있다. 그리고 이러한 상황이 현재 학교 구성원 간의 관계를 해치는 주요 원인으로 작용하고 있다. 규칙이 만들어지고 적용되는 의사 결정 과정에 자발적으로 참여해 본 경험이 부족한 교사와 학생 모두가 학교 현장에서 힘겨운 날들을 보내고 있는 것이다. 규제를 당하는 입장만이 아니라 규제를 해야 하는 입장에서도 난감하고 어려운 상황을 일상적으로 겪고 있다. 아이들을 민주적인 시민으로 교육시키는 것이 학교의 존재 이유 중 하나이지만, 이는 주입식 교육으로는 절대로 달성될 수 없다. 이를 위해서는 학생들에게 학교 규칙을 비롯하여 다양한 의사 결정 과정에 민주적으로 참여할 수 있는 기회를 주어야 한다. 그리고 무엇보다 현재 학교 규칙 중에서 시대 흐름에 맞지 않는 내용들을 공론화의 과정을 거쳐 바꾸어 나가는 과정이 필요하다.

학교 문화는 시대 흐름에 따라 변화해야 한다. 학교 규칙도 마찬가지다. 전통의 계승도 필요하지만 새로운 규칙과 합의를 만들어 내는 것 역시 중요하다. 그러기 위해서는 끊임없이 의심하고 질문을 던져야 한다. 그것이 변화를 이끌어 낼 원동력이 될 것이다.

관습을 넘어 실정법에 맞는 규칙으로

학교 규칙에는 '공식적 규칙'과 '비공식적 규칙'이 있다. 공식적 규칙은 학교 규정으로 명시되어 있으며 이를 어길 경우에 규정에 따라 징계하거나 처벌할 수 있다. 출결, 용의 및 복장, 약물 및 폭력에 관한 규정이 여기에 속한다. 비공식적 규칙은 학교 규정으로 명시되어 있지는 않지만, 이를 어길 경우에 교사의 판단에 따라 훈육할 수 있다. 학급 규칙에 따라 지각 시 청소를 한다든지 하는 경우가 여기에 속한다. 이처럼 학교 규칙의 위력은 공식적으로 또는 비공식적으로 크게 작용하고 있다.

공식적 규칙이든 비공식적 규칙이든 그동안 학교 규칙에는 상위법과 무관하게 관습적으로 내려오던 내용들이 다수 포함되어 있었다. 그러나 이제 학교 규칙은 관습을 넘어 실정법을 준수하는 방향으로 변화해야 한다. 실정법이란 '경험적, 역사적 사실에 의해 법적 타당성과 적합성을 기준으로 국가에 의해 제정된 법'을 의미한다. 교육 관련 법 조항과의 충돌 없이 시대적 변화를 반영한 새로운 학교 규칙이 필요한 시점이다.

헌법 제10조에는 "모든 국민은 인간으로서의 존엄과 가치를 가지며, 행복을 추구할 권리를 가진다. 국가는 개인이 가지는 불가침의 기본적 인권을 확인하고 이를 보장할 의무를 진다."라고 명시되어 있다. 또 제12조 ①에는 "모든 국민은 신체의 자유를 가진다."라고 명시되어 있으며, 제19조에는 "모든 국민은 양심의 자유를 가진다."라고 명시되어 있다. 그렇다면 학교 규칙은 대한민국의 가장 상위법인 헌법과 일치하고 있을까? 당장 용모 및 복장을 제한하는 규칙만 생각해 봐도 헌법에 위배되는 측면이 있다. 그렇다면 학생은 대한민국 국민에서 제외된 존재들일까? 헌법까지 가지 않더라도 교육 및 청소년에 관한 법률에 따르면, 이미 교육 현장은 상위법과 충돌되는 학교 규칙들로 가득하다는 것을 확인할 수 있다.

《청소년기본법》

제2조(기본이념) ① 이 법은 청소년이 사회 구성원으로서 정당한 대우와 권익을 보장받음과 아울러 스스로 생각하고 자유롭게 활동할 수 있도록 하며 보다 나은 삶을 누리고 유해한 환경으로부터 보호될 수 있도록 함으로써 국가와 사회가 필요로 하는 건전한 민주 시민으로 자랄 수 있도록 함을 기본 이념으로 한다.

《교육기본법》

제5조(교육의 자주성 등) ② 학교운영의 자율성은 존중되며, 교직원·학생·학부모 및 지역주민 등은 법령으로 정하는 바에 따라 학교운영에 참여할 수 있다.

제12조(학습자) ① 학생을 포함한 학습자의 기본적 인권은 학교교육 또는 사회교육의 과정에서 존중되고 보호된다.

《초중등교육법》

제18조의 4(학생의 인권보장) 학교의 설립자·경영자와 학교의 장은 「헌법」과 국제인권조약에 명시된 학생의 인권을 보장하여야 한다.

이 법률들은 학교 및 교육과 관련된 법들 가운데 일부이다. 이처럼 현재 운영되고 있는 학교 규칙 가운데 관련 법 조항과 충돌되는 면이 없는지 검토하는 것부터가 무비판적인 답습의 고리를 끊는 출발점이 될 것이다. 이를 시작으로, 학생의 인권을 제한하는 규칙은 개정하고, 학생이 학교 운영에 참여할 수 있는 시스템을 만들어 나가야 한다. 시대가 많이 변했다고 하면서도, 아직 이 부분에 대해서 우리나라의 교육 현장은 갈 길이 멀어 보인다. 학생들이 이러한 일에 관심을 가지고 문제를 제기했을 때 '학생이면 학생답게 공부나 하라'는 핀잔이나 듣지 않으면 다행일지 모른다.

한편, 학교 문화에 커다란 변화의 바람을 일으킨 학생인권조례는 경기도(2010)를 기점으로 광주광역시(2011), 서울특별시(2012)에 이어 전국적으로 확산되어 왔다. 경기도학생인권조례는 제5조를 통해 학생들이 성별, 종교, 나이, 사회적 신분, 출신 지역, 출신 국가, 출신 민족, 언어, 장애, 용모 등 신체 조건, 임신 또는 출산, 가족 형태 또는 가족 상황, 인종, 피부색, 사상 또는 정치적 의견, 성적 지향, 병력, 징계, 성적 등을 이유로 정당한 사유 없이 차별받지 않을 권리를 부여하며 학생들의 기본적 인권에 대한 보호 의지를 밝히고 있다. 이러한 항목들은 조례로 지정되는 순간 강력한 힘을 발휘한다. 그래서 법률을 제정하거나 조례를 발표할 때 어떤 용어를 포함하느냐가 매우 중요하다. 실제로 경기도학생인권조례 제6조 ②에서는 '학교에서 체벌은 금지된다'는 점을 명백히 밝힘으로써 학교 현장에 만연해 있던 체벌 문화를 개선하는 데 큰 영향을 미쳤다.

사회 전체의 인식 수준을 변화시키는 방법에는 두 가지가 있다. 하나는 지속적인 캠페인을 통해 사회 전반의 인식을 변화시키는 것, 또 하나는 제도를 만들어 강제적으로라도 따르게 함으로써 그것의 중요성을 인식하게 만드는 것이다. 학생인권조례는 '제도'가 '인식 개선'을 주도한 대표적 사례라고 할 수 있다. 제도와 규칙은 이처럼 교육 현장에 중요한 영향을 미친다.

세계적인 측면에서도 살펴볼 필요가 있다. 1990년 유엔 총회에서 발표된 '아동권리협약' 제12조 1에는 "당사국은 자신의 견해를 형성할 능력이 있는 아동에 대하여 본인에게 영향을 미치는 모든 문제에 있어서 자신의 견해를 자유스럽게 표시할 권리를 보장하며, 아동의 견해에 대하여는 아동의 연령과 성숙도에 따라 정당한 비중이 부여되어야 한다."라고 명시되어 있다. 그리고 제13조 1에는 "아동은 표현에 대한 자유권을 가진다."라고 명시되어 있다.

제도는 강력한 힘을 발휘하기도 하지만, 그것을 지켜야 하는 사람들이 지키지 않음으로써 제도 자체를 무력화하는 경우도 많다. 아동이 당연히 누려야 할 권리가 세계 협약과 우리나라 교육 관련 조례에 명시되어 있어도 학교 현장에서 지켜지지 않으면 그야말로 아무 소용이 없는 것이다. 이와 같은 아동과 청소년의 권리를 학교 규칙이 잘 보장하고 있는지, 아니면 학교 규칙 때문에 오히려 권리가 퇴보하고 있는지 제대로 성찰할 기회를 가져야 '제도'와 '인식'이 함께 발전할 수 있다.

국가인권위원회에서 배포한 2019년 6월 2일자 보도 자료를 소개한다.[1] 인권위는 "학생의 머리카락 파마와 염색을 금지하는 것은 아동의 사생활을 자의적이거나 위법적으로 간섭하지 않도록 한 유엔 아동권리협약에 어긋난다"고 지적하며, 헌법 제10조의 행복추구권에서 파생한 "개성의 자유로운 발현권"에도 부합하지 않는다고 말하고 있다. 인권위는 해당 시교육감에게 "학생의 자기 결정권과 개성의 자유로운 발현권 등이 과도하게 제한되지 않도록 관내 학교의 규칙을 점검해 개선 방안을 마련해야 한다"는 권고를 내놓은 상태이다. 이 시기보다 앞서, 국가인권위원회는 2018년 2월에 중·고교 학칙 중 92%가 '개성을 자유롭게 발현할 권리 및 사생활의 비밀과 자유'를 침해하고 있으며, 83.1%가 '집회의 자유'를 제한하고 있다고 밝힌 바 있다. 또한 학교 규칙 제/개정 시 학생의 의견을 묻지 않는 경우가 34.9%에 해당된다고 말하고 있다.[2]

교육자의 한 사람으로서 아이들에 대한 미안함과 민망함으로 고개를 들 수 없다. 학교 규칙이 관련 법 조항을 지키지 않고도 존속할 수 있는 이유는, 무엇보다 관습적으로 행해 오던 문화가 학교를 강

---

1. 서울신문, 인권위 "파마·염색금지, 휴대전화 사용금지는 학생 인권침해", 2019. 6. 2.
2. 로팩트, 인권위 '중·고교학칙 92.6% 사생활의 비밀·자유 침해'…교육부에 학생인권 증진 위한 학칙운영 개선권고, 2018. 2. 19.

력하게 지배해 왔기 때문일 것이다. 어느 집단이나 집단의 정체성을 드러내는 규칙을 가지고 있으며, 그 집단을 유지하기 위해 규칙은 반드시 필요하다. 규칙 자체가 나쁘다고 비판하는 것이 아니다. 그러나 현재 규칙을 만들고 합의하는 과정에 문제가 있다는 점을 분명히 인정해야 한다. 규칙을 제정하기 위해 합의해 가는 과정과 규칙을 준수하려는 노력이 민주 사회를 지탱하는 핵심 원리임을 기억해야 할 것이다. '그냥 하던 대로 하자'는 태도로는 학교 구성원의 인식과 학교 조직의 발전을 기대하기 어렵다. 학교 규칙은 관습을 넘어 실정법을 준수하는 방향으로 가야만 한다.

다음은 인권 친화적 학교 규칙들의 예다.

〈강원도 A 고등학교〉
▪ 학생은 성별, 종교, 나이, 사회적 신분, 출신 지역, 출신 국가, 출신 민족, 언어, 장애, 용모 등 신체 조건, 임신 또는 출산, 가족 형태 또는 가족 상황, 인종, 피부색, 사상 또는 정치적 의견, 성적 지향, 병력, 징계, 성적 등에 따른 이유로 처벌받지 않을 권리를 가진다.
▪ 학생의 복장, 두발 등 용모에 있어서 자신의 개성을 표현할 권리를 인정한다.

〈인천 B 중학교〉
▪ 학생이 임신하였거나 또는 미혼모 등의 이유로 학습권을 부당하게

거부당하지 않는다.

- 학생은 학교의 정규 교과 이외의 교육 활동 강요로 휴식을 취할 권리를 침해당하지 않는다.
- 학생은 세계관, 인생관 또는 가치관, 윤리적 판단 등 양심의 자유와 종교의 자유를 갖는다.

〈경기도 C 중학교〉

- 신체에 대한 자기 결정권을 가진 학생들의 자율성과 개성 실현을 최대한 보장할 수 있도록 한다.
- 학생의 건강권 확보를 위한 동(간)절기 외투 착용을 일률적으로 제한하지 않는다.
- 교복 외에 방한복 덧옷, 조끼, 폴라티 등의 착용 여부 및 색상, 형태 등에 대해서는 학생 개인이 자율적으로 선택할 수 있다.

위와 같은 학교 규칙들은 교육 관련 법 조항들의 취지를 잘 반영한 것으로 보인다. 이처럼 이미 적극적인 변화를 시도한 학교들이 등장하고 있다는 사실은 여러 가지 면에서 매우 고무적이다.

일제강점기와 군사정권 시기를 거쳐 탄생한 오늘날의 학교 규칙 🖤

일제강점기가 남긴 전체주의

영화 〈말죽거리 잔혹사〉는 1970년대를 배경으로 한 청춘물이다. 이 영화에는 군복을 연상시키는 교복, 군인처럼 짧은 학생들의 머리, 교문을 지키는 권위적인 선도부와 그들에게 거수경례를 하며 등교하는 학생들, 폭력과 체벌이 난무하는 학교 문화가 나온다. 안타깝게도 이러한 학교 문화는 일제강점기에 기원을 두고 있다.

일본은 1931년에 만주사변을 시작으로 침략 행위를 본격화하고 1937년에 중일전쟁을 일으켰다. 1939년에 제2차 세계대전이 발발하자 일본은 대동아공영권을 내세우며 전선을 동남아시아로 확대했다. 그리고 1941년 12월 7일에 하와이의 진주만을 기습 공격하면서 일본은 미국과의 전쟁을 시작했다. 바로 그 유명한 태평양 전쟁이 발발한 것이다.

일본은 이러한 대외 침략 과정에서 이른바 '민족말살통치'를 실시했다. 이는 한국인을 일본 천황의 충성스러운 신민으로 만들어 전쟁에 쉽게 동원하기 위한 것이었다. 이로 인해 '일본과 조선이 하나'라는 내선일체內鮮一體나 '일본과 조선이 하나의 조상'이라는 일선동조론日鮮同祖論 등의 논리를 내세워 한국인을 일본인으로 만들려는 황국신민화 정책이 시작되었는데, 대표적인 사례가 1939년에 공포된 창씨개명령이다. 이 과정에서 황국신민서사를 아동용과 성인용으로 만들어 일본어로 외우도록 강요했으며, 한국어 사용을 제한하는 것은 물론이고 한국인이 발행하는 신문을 강제 폐간시켜 한국어를 접하는 통로를 완전히 차단함으로써 내적으로나 외적으로 민족정체성을 말살하는 정책을 시행했다.

일본은 1938년에 국가총동원법을 제정하여 우리나라의 물자와 노동력을 무제한으로 동원할 수 있도록 근거를 마련했다. 이를 바탕으로 한국인들의 일상생활까지 통제하고자 했던 것이다.

이처럼 일본의 침략 행위 속에 장기적인 전시 체제가 유지되면서 전체주의적 통치 체제가 뿌리를 내리고, 국가 권력을 위해 개인이 희생하는 것이 당연시되는 풍조가 나타나기 시작했다. 전체주의란 '개인'보다는 '국가 전체'가 우선시되는 체제를 말한다. 이것이 일제가 남긴 유산 중 가장 폐해가 큰 것이라고 보는 학자들도 있다. 지금도 여전히 우리나라는 국가주의(전체주의)가 강한 나라이고, 국가를 위해 국민이 희생하고 헌신할 수 있다는 생각이 지배적인데, 그 기원이 일제의 민족말살통치에 있다고 해도 과언이 아니다. 이러한 사회적 분위기는 개개인으로 하여금 '기본권의 확대'를 주장하기 어렵게 만들었다.

국가주의와 병영 문화의 결합

이러한 민족말살통치의 안착을 위해 일제는 학교를 적극적으로 활용했다. 천황에 충성하는 신민을 양성하고 한국인을 일본인으로 만드는 도구로서의 기능을 학교가 담당하게 한 것이다. 교육만큼 사람을 집합적이고 효율적으로 세뇌할 수 있는 도구가 또 있을까? '국민'이 되기를 원하지 않았던 한국인들을 '국가'에 충성하는 '국민'으로 만드는 도구로 학교가 활용되었던 것이다.

모든 학교에서 매일 황국신민서사를 암송하고, 천황이 살고 있는 동쪽을 향해 참배하면서 일제는 사람들을 서서히 길들여 갔다. 특히 한국어를 선택과목으로 만들었는데, 이 과정에서 사실상 한국어 학습 시간을 없애고 우리말 사용 자체를 금지시켰다. 창씨개명을 하지 않은 학생은 불이익을 받았기 때문에 저항하던 사람들도 끝내 버티지 못하고 이름을 바꾸어야만 했다. 이 모든 것이 한국인의 민족성을 철저하게 말살하고자 한 일본의 계획이었다. 1941년에는 소학교의 명칭을 '황국신민학교'라는 의미의 '국민학교'로 변경했으며, 황국신민으로서의 덕목과 국가 권력에의 복종을 주입하기 위한 수신 교과 교육이 강화되었다.

〈국민학교령〉
제1조 국민학교는 황국皇國의 길에 따라서 초등 보통교육을 실시하여 국민의 기초적 연성鍊成을 행하는 것을 목적으로 한다.
제4조 ① 국민학교의 교과는 초등과 및 고등과 통틀어 국민과, 이수과, 체련과 및 예능과로 하며, 고등과에 아래와 같이 실업과를 더한다.
1. 국민과는 이를 나누어 수신修身, 국어(일본어), 국사(일본사) 및 지리의 과목으로 한다.

위의 국민학교령에서 보듯이 국민학교는 황국신민을 길러 내기 위한 역할을 수행하는 곳이었다. 이러한 이유로 오래 전부터 국민학교라는 용어를 바꾸어야 한다는 목소리가 높았다. 1996년 3월 1일에 국민학교가 초등학교로 변경된 것도 이 때문이다.

학생뿐만 아니라 교사들도 머리를 짧게 자르고 국민복을 입고 수업에 들어갔다. 교복이 군복과 유사하게 변경되었으며, 모자도 전투모로 바뀌게 되었다. 남학생들은 물론 여학생들도 군사훈련을 받으며 전쟁터에서 활용할 수 있는 전사로 훈련되었다. 학교는 그야말로 병영이 되었다. 전교생이 군인들처럼 오열을 맞춰 운동장에 서서 애국 조회를 진행하고 제복 문화와 경례 문화, 체벌 분화가 강화되었다. 1945년에는 〈전시교육령〉을 공포하여 교직원과 학생들로 하여금 학도대를 결성하게 하여 학교를 준군사조직으로 만들기도 했다. 이를 통해 군대를 방불케 하는 통제 중심의 학교 규칙들 중 상당수가 일제강점기에 기원을 두고 있다는 것을 알 수 있다.

〈전시교육령〉

제1조 학도는 진충盡忠으로써 평소 길러낸 교육의 정화精華를 유감없이 발휘하는 것을 본분으로 한다.

제2조 교직원도 솔선수범하여 학도와 더불어 전시에 긴절한 요무要務에 이바지한다.

제3조 학교는 교직원 및 학도로써 학도대學徒隊를 조직한다.

또한 학생들은 밭을 가꾸는 일, 수목 정비, 공사 등 각종 노역에 동원되었으며, 위문편지 작성이나 학도병 출정식에 차출되기도 했다. 학생들의 노동력은 수시로 강제 동원되었으며, 학교는 이러한 역할을 충실히 수행했다. 이처럼 이 시기의 학교는 마치 군대의 축소판처럼 국가주의와 병영 문화가 결합된 곳이었다. 학생을 시민으로서 육성하는 것이 아니라, 전시에 활용할 전사로 준비시키는 데 앞장서는 곳이었다.

군사정권 시기를 거쳐 완성된 학교 규칙

그렇다면 해방 이후 이 모든 것이 없어졌을까? 전혀 그렇지 않다. '일제가 남긴 유산이 이후 박정희 군사정권에 계승되면서 효율적인 통제를 위한 규칙들이 자리 잡게 되었다'는 학자들의 의견을 주목해야 한다. '전쟁을 위한 전사'에서 '산업화를 위한 전사'로 교육 목표가 변경되었을 뿐, 전사를 길러 내는 학교의 정체성에는 변함이 없었다. 학교에서는 애국과 반공이라는 이름으로 교련 수업이 실시되었고 학도호국단이 조직되었다. 짧은 두발과 엄격한 교복 착용이 강요되는 등 그야말로 '학교의 병영화'는 계속 진행되었다. 일제 말 민족말살통치 시기와 크게 다르지 않은 모습이었다.

국기에 대한 맹세, 국민교육헌장의 암기 등 민족말살통치 시기와 유사한 정책들이 학교에서 시행되었다. 일제강점기의 수신 교과를 연상케 하는 국민윤리 교과를 개설한 것도 이러한 맥락에서 이해할 수 있다. 학생 자치회가 제대로 된 기능을 하지 못하고 형식적인 운영에 그친 것도 일제강점기와 다를 게 없었다. 이처럼 박정희 정권은 교육의 주안점을 국가에 대한 충성, 권위에 대한 복종에 두었으며, 학교는 이러한 역할을 충실히 수행하는 곳으로 활용되었다. 학교의 '흑역사'는 이렇게 멈추지 않고 이어졌다. 실제로 국민교육헌장의 내용을 살펴보면, 개인의 삶과 개성을 추구하는 게 아니라 국가 발전에 이바지하는 전사로서 다짐하는 내용이 눈에 띈다.

〈국민교육헌장〉

우리는 민족중흥의 역사적 사명을 띠고 이 땅에 태어났다. (중략) 성실한 마음과 튼튼한 몸으로, 학문과 기술을 배우고 익히며, 타고난 저마다의 소질을 계발하고, 우리의 처지를 약진의 발판으로 삼아, 창조의 힘과 개척의 정신을 기른다. 공익과 질서를 앞세우며 능률과 실질을 숭상하고, 경애와 신의에 뿌리박은 상부상조의 전통을 이어받아, 명랑하고 따뜻한 협동 정신을 북돋운다. 우리의 창의와 협력을 바탕으로 나라가 발전하며, 나라의 융성이 나의 발전의 근본임을 깨달아, 자유와 권리에 따르는 책임과 의무를 다하며, 스스로 국가 건설에 참여하고 봉사하는 국민정신을 드높인다. (하략)

이러한 내용을 아무런 비판 의식 없이 학생들 모두가 외우고, 교사들은 이를 강요하는 사람으로 존재했던 것이 우리 교육의 현실이었다. 그뿐만 아니라 애국 조회 시간에 운동장에 열을 맞춰 서서 교장선생님께 거수경례를 올리는 모습도 학교에서 흔히 볼 수 있었다. 선도부 학생들과 교사가 교문에 서서 등교 지도를 하는 모습 역시 권위주의적인 학교 문화의 단면을 잘 보여 주는 사례라고 할 수 있다. 학생들을 쥐잡기나 농촌정화운동 등에 동원시키는 등 학교는 국가 정책을 위한 도구적 기능을 충실히 수행했다. 당시 촬영된 사진 하단에 연도 표시가 없을 경우 일제강점기인지 군사정권 시기인지 구분하기 힘들 지경이다.

'서울 A 초등학교 학교교육 계획(1966)'을 보면 당시 학교가 학생의 일상생활을 얼마나 철저하게 통제하고 있었는지 알 수 있다.

〈서울 A 초등학교 학교교육 계획(1966)〉[3]

1. 수도 사용 지도 (물 절약)
2. 교복 착용 권장 (값비싸고 화려한 의복 자숙)
3. 국산품 사용 (특히 모조 노오트·대학 노오트 사용 금지) : **국산품 연필과 노오트 사용, 연필을 끝까지 쓴다.**
4. 매식 행위 단속
5. 만화 가게 출입 금지 (가게 주인 단속, 인근 파출소와의 제휴)
6. 저축 지도 – 목표액을 초과하도록

이와 같이 일제강점기와 군사정권 시기를 거쳐 학교는 '국가권력에 복종하고 체제에 순응하는 인간'을 기르는 역할을 충실히 수행해왔다. 오늘날에도 학교 규칙이 효율적 통제를 위한 수단으로 활용되고 있는 것은 결코 우연이 아니며 이러한 역사성을 지니고 있다는 것을 기억해야 한다. 학교 규칙이 '복종의 내면화'에 기여한 측면이 있다면 이제라도 이를 반성하고 개선하기 위해 노력해야 할 것이다.

---

3. 이현주, 1960-70년대 국민학교 규율 연구, 서울교육대학교 교육대학원 석사학위논문, 2008, p. 35.

미래 교육을 준비해야 할
우리의 학교 규칙

근대를 넘어 현대로, 현대를 넘어 미래로

학교는 근대국가 건설과 산업화를 위한 '국민'을 육성하는 도구로 적극 활용되었다. 학교는 국민들에게 근대적 시간관념을 익히고 노동에 필요한 기초 소양을 배우게 했으며, 근대국가 확립에 필수적인 민족주의와 국가주의를 체득시켰다. 학교는 이처럼 오랫동안 '근대화의 첨병' 역할을 맡아 왔다. 국가가 추구하는 가치를 내재화한 국민을 길러 내는 도구로 학교가 활용되었던 것이다.

프랑스의 교육철학자 자크 마리탱Jacques Maritain은 '현대 교육의 오류'를 지적하면서 학교 교육의 목적이 사회구조에 길들여진 인간을 양산하는 데 있으며, 국가가 요구하는 인력을 생산해 내는 임무를 맡고 있다고 주장했다. 또한 학교가 진리 탐구를 포기하고 세속적 지식과 직업적 기술만을 갖추는 데 전념하여 '전문 바보'를 만들고 있다고 말했다. 프랑스의 사회학자 미셸 푸코Michel Foucault는 감옥, 병영, 학교, 병원, 공장 등은 서로 유사한 점이 많다고 지적하며 이들을 현대사회를 구성하고 유지하는 규율 장치로 정의했다.

오늘날 대부분의 청소년들은 하루 중 가장 많은 시간을 학교라는 공간에서 보내고 있다. 그만큼 학교라는 공간이 청소년들의 자아 정체성 및 가치관 확립에 크나큰 영향을 미치고 있다고 해도 과언이 아닐 것이다. 앞서 살펴봤듯이 학교 교육의 효용성에 대해 여러 측면에서 비판이 제기되고 있지만, 학교가 가진 영향력은 여전히 유효하다. 근대와 현대를 넘어 미래를 살아갈 학생들을 위해서 학교 교육과 정체성의 재정립이 필요한 시점이다.

오늘날의 학교는 미래를 준비할 수 있을까?

근대 이후에 학교는 '창의적인 인재 육성'보다는 '성실하고 규율에 순응하는 인재 양성'을 위한 효율적인 교육에 초점을 맞춰 왔다. 그러다 1990년대부터 기존 교육 체제에 대한 비판이 제기되면서 열린 교육, 대안학교, 혁신학교 운동 등이 나타났고, 국가 주도적인 근대적 학교 시스템을 개혁하려는 시도가 이어져 왔다.

여기에 더해 최근에는 '제4차 산업혁명'으로 대표되는 거대한 변화의 바람이 불고 있는 상황이나. 로봇, 인공지능, 사물 인터넷, 자동화 등의 기술을 활용하여 기업의 생산성이 향상되고 새로운 산업이 성장해 갈 것으로 예측되고 있다. 학교가 없어지게 될 것이라는 주장부터 학교의 역할이 오히려 더 강화될 것이라는 주장까지 다양한 의견이 쏟아져 나오고 있는 상황이다. 확실하게 말할 수 있는 것은 미래 교육은 지금과는 많이 다를 것이라는 점이다. 기존의 학교 체제가 미래에 그대로 유지될 것이라고 믿는 사람은 없다. 이미 학교에서 전자 교과서 보급이 확대되고 코딩 교육이 시작되는 등 변화가 나타나고 있으니 말이다.

과거 '급격한 산업화'를 지상 과제로 여기던 시대에는 '빨리빨리 문화'가 최고의 가치로 인식되었고, 제한된 정보 중에 빠르게 정답을 찾아 문제를 해결하는 인재상이 요구되었다. 그 결과 객관식 문제풀이와 상대평가 등과 같은 교육의 '선별적 기능'이 중시되고, '획일적-주입식-암기식' 수업이 주를 이루게 되었다. 이러한 교육 방식은 학생들의 확산적 사고와 창의성을 저해시키고 제한적 사고를 유도하는 '몰개성 교육'이라는 부작용을 낳았다. 이제 이러한 방식은 더 이상 설 자리가 없을 것이다. 지식과 기술의 결합으로 새로운 가치를 만들어 내기 위한 창의성, 융복합성이 강조되는 교육이 이미 강조되고 있다.

그렇다면 이러한 미래 교육 체제에 과연 오늘날의 학교 규칙은 부합하고 있을까? 학생을 감시와 통제의 대상으로만 바라보는 시각을 그대로 유지한 채, 학교는 자유롭고 확장적인 사고를 해야 하는 미래 교육을 제대로 준비할 수 있을까? 우리는 어쩌면 급변하는 미래를 살아갈 아이들에게 불필요한 가치들을 가르치고 있는 건 아닐까? 제4차 산업혁명 시대를 맞이하여 '융합 교육'을 강조하면서도, 정작 학교는 아이들을 낡은 규칙으로 얽매며 과거의 지식을 가르치고 있는 게 아닐까? 미래 교육에서는 창의성 신장이 중요하다고 말하면서, 정작 학교에서는 군대식 훈육 체제를 그대로 유지하며 '질문 없는 아이들'을 양산해 내고 있지는 않은가? 아이들이 입을 다물고 있다고 비판할 것이 아니라, 무엇이 아이들의 입을 다물게 하고 있는지 생각해 봐야 한다. 다가올 미래를 위해 효율성을 강조하는 획일적 학교 문화는 하루 빨리 개선되어야 한다. 이러한 변화는 학교 구성원들의 끊임없는 질문과 논의, 실천과 연대로부터 시작될 것이다.

3 장

학교 규칙의
현실과 문제

초등학교에서는 되고, 중학교에서는 안 되는 것

초등학교 때는 파마도 염색도 괜찮았는데

초등학교를 갓 졸업하고 중학교에 올라간 아이들은 새로운 학교 규칙을 보며 깜짝 놀라곤 한다. 파마도 염색도 귀걸이 착용도 초등학교에서는 전부 허용됐었는데, 중학교에서는 허용되지 않기 때문이다. 실제로 파마와 염색, 귀걸이 착용 등이 금지된 중·고등학교는 여전히 많다. 이유를 물으면 '학생답지 못한 용모이기 때문에', '학습에 방해가 되기 때문에' 금지한다는 대답이 돌아온다. 그렇다면 파마나 염색이 초등학교에서 허용되는 이유는 무엇일까? 초등학생 때는 허용이 되다가 중학생이 되면 갑자기 금지되는 이 현실을 어떻게 받아들여야 할까? 아이들은 이러한 사실을 납득할 수 있을까? 사실이 책을 쓰게 된 것도 이러한 문제의식 때문이었다.

정확하고 합리적인 기준에 의한 규칙이 아니라 관습적으로 내려오는 규칙으로 학생들을 통제하고 있기 때문에, 앞으로는 학교 현장에서 이러한 부분이 갈등 요인으로 작용할 가능성이 더욱 크다. 염색을 하고 파마를 하면 왜 '불량 학생'이 되는지에 대해 논리적으로 대답할 수 있는 교사가 얼마나 될까?

최근에 학교 현장에서 가장 이슈가 되고 있는 것 중 하나가 바로 '화장'이다. 화장을 못하게 하려는 교사와 화장을 하고 싶어 하는 학생들이 서로 첨예하게 대립하면서 교사와 학생 사이의 관계를 악화시키고 있다. 실제로 교사들은 "우리는 못 하게 하면서 선생님들은 왜 화장해요?"라는 학생들의 말을 들으면 말문이 막히고는 한다. 몇 가지 이유가 떠오르긴 하지만 명확하게 대답할 수 없기 때문이다. 또 하나의 문제는 학교에서 학생들의 의사를 존중해 화장을 허용한다고 해도 학부모들의 반대에 부딪힐 수 있다는 것이다. '화장을 왜 단속하느냐'라며 민원을 넣는 학부모들도 있지만, '왜 화장을 단속하지 않느냐'며 민원을 넣는 학부모들이 아직까지는 더 많다.

이러한 상황은 학교 규칙이 학생과 교사만의 문제가 아니라 학부모, 나아가 사회적 인식의 문제까지 생각해 봐야 할 사안이라는 것을 증명한다. 사회적 합의까지는 아니더라도, 학생들의 "왜 안 되나요?"라는 질문에 대한 답을 찾기 위한 노력은 절대적으로 필요하다. 그렇지 않으면 계속해서 지금처럼 학생들을 강제로 규제하는 방식으로만 나아가게 될 것이기 때문이다.

선생님, 노란색 카디건은 왜 안 되나요?

학교 현장에서는 학생 생활지도에 어려움을 겪는 교사가 점차 늘어나고 있다. 중·고등학교뿐만 아니라 초등학교에서도 화장을 비롯하여 학교 폭력, 흡연, 교권 침해 등과 관련된 학교 규칙을 두고 학생과 교사 간의 갈등이 빈번하게 발생하고 있다. 이제 모든 교사가 학생들의 "왜 안 되나요?"라는 질문에서 더 이상 자유롭지 않게 되었다는 뜻이기도 하다.

> **학생 1** : (한숨을 쉬며) 휴······.
>
> **학생 2** : 무슨 일 있어?
>
> **학생 1** : 내일부터 뭘 입지······.
>
> **학생 2** : 응? 왜 그래?
>
> **학생 1** : 담임선생님이 내일부터 노란색 카디건은 입으면 안 된다고 하셔서 말이야.
>
> **학생 2** : 노란색이 왜?
>
> **학생 1** : 나도 모르겠어. 노란색은 안 되니까 그냥 입지 말라고 하셨어.
>
> **학생 2** : 잘 이해가 안 되는데?
>
> **학생 1** : 그러게 말이야. 카디건 이거 하나밖에 없는데 내일부터 뭘 입어야 되나 걱정이야.

위의 내용은 실제 학생들 간의 대화를 정리한 것이다. 사실 학교 현장에서는 이러한 경우가 종종 발생한다. 아이들은 "선생님은 왜 화장해요?", "화장하면 왜 나쁜 거예요?", "선생님도 머리 파마하시고 염색하시잖아요."라고 질문한다. 심지어 "선생님들은 술 마시고 담배도 피우면서 왜 학생들은 못하게 해요?"라고 질문하는 아이들도 있다. 이와 같은 상황에 직면했을 때 진지하게 고민하며 해당 규칙의 수정을 제안하는 교사는 많지 않다. 그저 이렇게 말하는 아이들이 반항적이고 문제가 있는 것이라며 얼굴을 붉힌 채 교무실에서 하소연할 뿐이다.

하지만 이렇게 아이들의 목소리를 외면해 버리면 학생과 교사 간의 거리는 더욱 멀어지지 않을까? 교사 입장에서도 합리적 이유를 찾을 수 없거나 납득할 수 없는 규칙이라면, 그 규칙을 새로이 고민하고 바꾸는 게 맞지 않을까? 지금처럼 이렇게 교사 개개인이 학생들과 계속해서 부딪히다 지쳐 포기하는 것이 아니라, 학교 구성원 모두가 이러한 상황과 문제의식을 공유해 나간다면 문제 해결의 실마리를 충분히 찾을 수 있을 것이라 확신한다.

아이들과의 관계를 망치는 주범, 교복과 화장

학생들은 교복에 대해 어떻게 생각할까?

학교 규칙 중 학생들이 가장 일상적으로 접하는 것이 교복 관련 규칙일 것이다. 다음은 경기도의 A 고등학교에 재학 중인 학생 두 명과 교복을 주제로 인터뷰한 내용을 정리한 것이다.

Q. 교복이 필요하다고 생각하나요?

이연 : 필요하다고 생각해요. 교복을 입으면 한 학교의 학생으로서 소속감이 생기는 효과도 있고요. 어느 학교 학생인지 알 수 있으니 무의식중에 책임감도 생기고 일탈을 억제하는 효과도 있다고 생각해요.

소희 : 교복 자체는 필요하다고 생각해요. 교복이 창의성을 억제한다며 필요 없다고 말하는 친구들도 있지만, 대부분 교복이 불편해서 그렇

게 생각하는 거지 교복 자체가 문제라고는 생각하지 않아요. 교복이 지금보다 편하고 예쁘면 교복 없애자는 말은 나오지 않을 것 같아요.

Q. 교복이 학습에 도움이 되나요?

이연 : 별로 도움이 되지 않아요. 교복이 조금 더 편하면 좋겠어요. 교복 대신 생활복을 선호하는 학생이 많은 것을 봐도 알 수 있어요.

소희 : 저도 동의해요. 다만 교복 착용을 통해 규칙을 준수하는 습관이 생긴다면 바른 학습 태도로 이어질 수 있을 것 같아요.

Q. 교복 관련 학교 규칙 중 개선이 필요하다고 생각하는 것이 있나요?

이연 : 등교할 때 교복과 생활복은 되고 체육복은 안 된다고 하는데 솔직히 무슨 차이인지 모르겠어요. 체육복도 허용해 줬으면 좋겠어요.

소희 : 교복 재킷을 입지 않고 외투를 입으면 안 된다고 하는데, 이 부분은 개선이 필요하다고 생각해요. 교복 재킷 위에 점퍼를 입으면 너무 불편해서 공부에 방해가 될 정도예요. 그리고 한겨울에만 외투 착용을 허용하고 있는데 환절기에도 외투를 허용해 줬으면 좋겠어요.

위의 대화에서도 알 수 있듯이 실제로 학생들과 대화해 보면 교복을 입는 것 자체에 거부감을 가지고 있지 않다. 결국 학생들은 교복 자체에 불만이 있다기보다는 '불편하고 예쁘지 않은 교복'에 대한 불만이 있다는 걸 알 수 있다.

Q. 여학생 교복에 대해 어떻게 생각하나요?

이연 : 여학생 교복을 보면 셔츠에 허리 라인이 들어가 있고, 길이도 짧고, 소매도 타이트한 편이잖아요. 교복 사이즈 자체도 다른 옷들보다 작게 나와요. 그래서 다들 원래 치수보다 큰 사이즈로 사서 입는데, 그래도 불편해요. 점심 먹고 나면 숨쉬기 힘들다는 애들도 있어요. 덕분에 여학생들은 일 년 내내 다이어트 중이에요.

소희 : 여학생 교복 자체가 몸매가 드러나고 여성성을 강조하도록 제작되어 있잖아요. 은연중에 어른들이 청소년을 성적으로 대상화하고 있는 게 아닐까 하는 생각도 들어요. 교복 광고만 봐도 제 또래의 여자 아이돌이 짧은 치마에 꽉 끼는 셔츠를 입고 포즈를 취하고 있잖아요. '코르셋' 운운하며 광고를 찍기도 했고요. 어른들이 우리를 어떻게 보고 있는지 잘 보여 주죠.

Q. 교복이 교사와 학생 간의 관계에 어떠한 영향을 주나요?

이연 : 학생들은 교복을 자유롭고 편하게 입고 싶어 하는데, 선생님들은 제대로 갖춰 입기를 원해서 갈등이 생기는 것 같아요. 아침부터 교복 때문에 잔소리를 들으면 기분이 좋지 않다고 하는 아이들이 많아요.

소희 : 맞아요. 교복이 교사와 학생 간의 관계에도 좋지 않은 영향을 주는 것 같아요. 후드 티 교복처럼 활동하기 편한 교복으로 바뀌면 갈등도 줄어들지 않을까요?

여학생의 교복이 여학생들을 성적 대상화하는 측면이 있다는 부분은 매우 날카로운 지적이다. 실제로 교복 광고를 살펴보면 외모지상주의가 만연해 있다. 2015년에 가수 박진영이 모델로 등장했던 교복 광고는 큰 논란을 불러일으키기도 했다. 이 광고에는 '날씬함으로 한판 붙자'라는 제목 아래 '코르셋 재킷으로 조여라', '쉐딩 스커트로 깎아라'라는 문구가 등장하는데, 청소년 대상의 교복 광고라는 걸 도저히 믿을 수 없을 정도였다. 이러한 광고를 기획하고 촬영하고 방송하기까지 어느 누구도 문제를 제기하지 않았다는 사실을 생각하면, 여학생의 '몸'에 대한 한국 사회의 인식이 어느 정도 수준인지 충분히 짐작할 수 있다. 이러한 논란은 하나의 해프닝이 아니라 현재 교복과 관련해서 지속적으로 나오고 있는 문제다. 학생들도 인터뷰에서 이러한 지점을 강조했다. 청소년들 스스로 이러한 문제의식을 드러낼 때마다 아이들의 인권 감수성이 어른들보다 더 예민하고 예리하다는 걸 다시 한 번 확인하게 된다. 그리고 아이들의 목소리에 더 적극적으로 귀 기울여야 한다는 생각이 든다.

이러한 분위기 속에서 교복에 관한 학교 규칙 역시 조금씩 변화하고 있다. 2019년 6월 12일에 광주교육청과 전남교육청에서 배포한 보도 자료에 따르면 광주 91개 중학교 중 71개교, 62개 고등학교 중 22개교, 전남 248개 중학교 중 115개교, 142개 고등학교 중 42개교가 반바지 교복을 도입하는 등 편한 디자인의 교복으로 변경했다고 한다.[4]

여름에는 반바지와 반팔티셔츠를 입고, 겨울에는 후드 티와 집업 점퍼를 입는 학교들이 등장하고 있는 것이다. 교복의 활동성과 편의성이 강화되면서 학생들의 만족도도 매우 높게 나타나고 있다고 한다. 또한 교복 개정 과정에 학생들을 적극적으로 참여시켜 학생 만족도를 더욱 높였다고 한다. 기존의 교복 디자인을 고수하는 학교가 절대 다수인 현실 속에서 이러한 변화는 새로운 희망을 보여준다.

학생들은 화장에 대해 어떻게 생각할까?

학교 규칙 중 학생들이 교복 다음으로 민감하게 생각하는 것이 바로 화장 관련 규칙일 것이다. 앞에 인터뷰한 학생들에게 교복에 이어 화장을 비롯한 학교 규칙 전반에 대한 생각을 물어보았다.

Q. 규칙 위반으로 지도를 받을 때 억울하다고 생각한 적이 있나요?

이연 : 주위에 그렇게 말하는 친구들이 제법 있어요. 선생님들이 왜 그렇게 해야 하는지 설명해 주지 않고, 규칙이니까 그냥 따라야 한다고

---

4. 연합뉴스, "교복이 달라졌다"…달라붙는 치마 대신 반바지·티셔츠, 2019. 6. 12.

말씀하시는 경우가 많은데, 그럴 때 반감이 든다고 해요.

소희 : 규칙이 모호한 경우에 규칙 위반으로 걸리면 억울할 수 있다고 생각해요. 예를 들면 화장의 경우 입술이나 볼 터치의 진한 정도가 어느 정도인지 선생님들마다 기준이 다르기 때문에, 선생님들의 주관적인 판단에 의해 지도를 받을 때도 있고 그냥 넘어갈 때도 있거든요. 규칙의 적용이 일관되지 않다고 느껴지면 억울하다는 생각이 들 수 있죠.

학생들은 모호한 기준에 따라 일관되지 않게 적용되는 학교 규칙에 불만을 제기했다. 같은 행동을 해도 어떤 선생님은 지적하는데 어떤 선생님은 허용한다면 아이들은 이러한 상황을 어떻게 받아들일까? '오늘은 운이 나쁘게 걸렸다'거나 '왜 나한테만 그러는지 모르겠다'고 생각할 수 있다. 학교 구성원 간의 관계 유지에 있어 '규칙의 일관성'이 매우 중요한 요소라는 걸 알 수 있는 대목이다.

Q. 화장을 규제하는 것에 대해서는 어떻게 생각하나요?

이연 : 규제할 명분이 없다고 생각해요. 솔직히 아무리 좋게 설명해 주셔도 동의가 되지 않아요. 요즘에는 부모님들도 화장했다고 혼을 내지 않는데, 학교 선생님들은 혼을 내니까 납득하기가 어려워요.

소희 : 화장을 했다고 해서 나쁜 학생이라고 생각하지 않아요. '화장을 하지 않는 것이 학생다운 것'이라는 어른들의 생각을 강요받고 있다는 생각이 들어요. 저희들끼리는 '대표적인 꼰대 문화'라고 얘기해요.

Q. 학생들에게 화장을 한다는 건 어떤 의미인가요?

이연 : 어른들은 저희들이 화장을 하면 이상하게 생각하지만, 저희들 끼리는 오히려 화장을 하지 않으면 이상하게 생각하는 경우가 있어요.

소희 : 화장은 일종의 또래 문화라고 봐야 할 것 같아요. 다른 애들은 다 하는데 나만 안 하고 다니면 이상하게 보이기도 하고 그렇거든요. 어른들도 그냥 안 된다고만 하지 말고, 저희들에게 화장이 어떠한 의미인지 생각해 봐 주셨으면 해요. 친구들과 화장하는 법을 공유하면서 서로 친해지기도 하고, 평소에 콤플렉스였던 부분을 감추면서 자신감이 생기기도 하거든요. 그러니까 청소년의 화장에 대해 나쁘게만 보지 않으셨으면 좋겠어요.

최근에는 아이돌 문화의 영향 때문인지 초등학생들 사이에서도 화장 열풍이 불고 있다고 한다. 어른들의 경우에는 '벌써부터 화장이라니 절대로 안 된다'는 의견도 있고, '학생들의 개성을 존중해야 한다'는 의견도 있다. 반면에 아이들은 화장을 규제하는 것에 대해 절대적인 반감을 드러내고 있다. 실제로 학교 현장에서 교사와 학생 사이에 일어나는 감정싸움 중 가장 큰 비중을 차지하는 것이 '화장'이다. 화장과 관련된 규칙을 둘러싸고 교사와 학생 간에 그만큼 많은 충돌이 일어나고 있기 때문일 것이다. 학생들의 '화장'을 어떻게 볼 것인지에 대한 합의가 필요한 시점이 온 것이라 할 수 있다.

Q. 학교 규칙 제정에 학생들의 의견이 충분히 반영되고 있다고 생각하나요?

이연 : 별로 반영되고 있지 않다고 생각해요. 규칙 개정 기간이 있긴 하지만, 대부분 그 기간이 매우 짧아서 학생들 의견 수렴이 힘든 부분이 있어요. 충분한 시간 확보가 필요하다고 생각합니다.

소희 : 저도 그렇게 생각해요. 규칙이 매년 조금씩 개정되고 있기는 하지만, 상시적으로 개정에 대한 의견을 나누는 것이 아니라 일회성으로 진행되다 보니 여러 가지 면에서 아쉬워요. 규칙 개정에 대한 기회의 장이 항상 열려 있어야 한다고 생각해요. 그리고 학생들이 자유롭게 의사를 나눌 수 있는 여건이 조성되어야 한다고 봅니다.

학생들은 규칙 제정 과정에 자신들의 의사가 충분히 반영되고 있지 않다고 느끼고 있었다. 여전히 많은 학교에서 학생들은 학교 규칙 제정 과정에 제한적으로만 참여하고 있는 실정이다. 앞서 서술한 대로 우리나라의 교육 관련 법률에서는 학생들의 학교 운영 참여를 법적으로 보장하고 있다. 학교 규칙을 비롯한 학교 교육의 전면적인 변화는 법과 제도의 정비와 함께 학교 구성원들의 의식 변화와 참여가 일어나야 비로소 가능해질 것이다.

세계 여러 나라의 학교 규칙

미국, 핀란드, 독일, 호주의 학교 규칙

미국의 경우에는 연방대법원에서 학생의 기본 인권을 인정하고 있지만 주에 따라 학생의 기본권이 제한되는 경우가 있어 일반화하기는 어렵다. 두발 및 복장 등 용모 제한의 경우는 규칙으로 지정한 주도 있지만 그렇지 않은 주도 있다고 한다. 시애틀, 유타, 오하이오, 캔자스, 캘리포니아 주 등의 공립학교에서는 학교교육 결정 과정에 학생들이 비교적 민주적으로 참여하고 있는 편이다.[5] 그런가 하면 미국 조지아 주의 한 학교에서는 나무 매로 엉덩이를 때리는 체벌에

---

5. 백성열, 학교 생활규칙 적용과 개정과정 연구 : 학생 참여관점을 중심으로, 성공회대학교 NGO대학원 석사학위논문, 2018, pp. 19~20.

대해 학부모의 동의를 요청했을 정도로 주마다 학교 규칙에 차이가 크다고 할 수 있다.[6] 이처럼 미국은 주에 따라 차이가 있지만, 학생이 폭행·음주·흡연·무기 소지 등의 행위를 하면 학교장이 지역 교육위원회에 퇴학이나 정학을 신청할 수 있고, 지역 교육위원회에서 청문회를 거쳐 징계를 결정한다고 한다.[7]

핀란드의 경우에는 교육 자치가 철저하게 이루어지고 있어, 학교 규칙 제정에 관해 중앙정부의 간섭이 거의 없고 주로 학교 단위에서 학교 규칙이 결정되고 있다. 따라서 핀란드 학교의 규칙은 학교나 지역별로 차이가 나타나는 것이 특징이며, 교사들이 학생과 학부모의 의견을 적극적으로 반영하려 노력하고 있다. 학생이 규칙을 위반했을 경우에도 처벌과 제재가 아닌 각종 교육 프로그램과 상담을 중심으로 학생을 지도하며 긍정적인 변화를 이끌어 내고 있다.[8]

독일의 경우에는 주 헌법에 교육에 관한 조항을 두고 있다. 학생 체벌의 경우 매우 엄격하게 금지되어 있으며, 인권침해 시 학생들은 학생인권선언을 근거로 문제를 제기할 수 있다. 두발 및 복장 등 용모 제한은 엄격하게 규정하고 있지 않으나, 나치 문양이 새겨진 옷 등 반 헌법적 복장의 경우 학교가 적극 개입할 수 있도록 되어 있다는 점이 특징이다. 독일도 주에 따라 관련 법규가 다르다. 독일 바이

---

6. BBC NEWS 코리아, 체벌 : 학부모에게 '교내 체벌 동의서' 보낸 미국의 학교, 2018. 9. 12.
7. 한국교육신문, 해외사례 학생 징계 선진국에서는 어떻게…, 2018. 1. 2.
8. 백성열, 앞의 논문, pp. 21~22.

에른 주의 경우에는 학생 징계가 총 10단계로 되어 있는데, '구두 경고' → '담임교사 견책' → '학교장 견책' → '학급 이동' → '교과 수업 격리' → '단기 정학' → '장기 정학' → '타교 전학' → '퇴학 경고' → '퇴학'의 순서로 이어진다고 한다.[9]

호주의 명문 학교 세인트 마거릿 앵글리칸 걸스 스쿨의 경우에는 학교 규칙이 매우 세세하게 규정되어 있는 것이 특징이다. 복장 규정에 있어서는 "교복 착용 규정, 자유복 착용 규정 등을 엄격하게 적용하며, 신발은 갈색 가죽 신발, 체육 시간에는 흰색과 검은색 운동화로 제한한다. 가방은 마거릿 학교 가방을 사용하도록 한다."라고 되어 있다. 두발 규정에 있어서는 "머리 길이가 셔츠 칼라 밑으로 내려올 때 리본으로 묶어야 하며, 머리 색깔은 자연색을 유지한다."라고 구체적으로 명시되어 있다.[10]

다른 나라의 사례에서 무엇을 배울 것인가

이처럼 다른 나라의 경우 학교 규칙이 자유분방할 것이라고 생각할 수 있지만 실상은 그렇지 않다는 것을 확인할 수 있다. 우리나

9. 한국교육신문, 앞의 기사.
10. 교육부, 서로를 위한 약속 학교규칙 운영매뉴얼, 2014, p. 46.

라이 경우 규칙의 기준이 모호한 데 비해, 위에서 소개한 나라의 경우 대체로 규칙이 매우 세세하며 학생의 문제 행동에 대해 체계적인 지도 방안이 마련되어 있는 것이 특징이다. 실제로 우리 학교 현장에는 수시로 발생하는 돌발적 상황에 적용할 세부적인 매뉴얼이 존재하지 않아 담임교사의 재량과 해석에 의존하는 경우가 많다는 점을 생각해 보면 시사하는 바가 크다고 할 수 있다. 체벌은 하지 않지만 엄격하고 체계적인 징계가 이루어지는 다른 나라의 사례를 통해 학교 규칙에 관한 새로운 관점을 세워 볼 필요가 있다.

교육 선진국들의 경우에 대부분 적극적인 학생 참여를 보장하고 있다는 것 또한 인상적이다. 대안학교의 원조 격인 영국의 서머힐 학교는 학생 총회에서 공동 규칙을 세우고, 규칙을 어길 경우 서로가 합의한 내용을 바탕으로 제재를 가한다.[11] 최근 교육계에서 주목받고 있는 덴마크의 경우도 대부분 학생들이 속한 자치회에서 규칙을 만든다. 학생들이 스스로 규칙을 만들면 더 잘 지키려 노력하고, 이 과정에서 자연스럽게 민주주의를 체득해 나갈 수 있다는 것이 바로 덴마크의 교육철학이다. 우리나라의 경우 대부분의 학교에서 여전히 의사 결정 과정에 학생들을 형식적으로만 참여시키고 있기 때문에 이러한 점은 충분히 참고할 만하다고 생각한다.

---

11. 사이언스타임즈, 서머힐스쿨에 집단따돌림 없어, 2012. 10. 29.

우리나라 규칙의 3대 관습
: 재량, 학생다움, 관리자에 따라

명확한 기준 없이 모호한 학교 규칙

다른 나라의 사례를 통해 살펴본 것처럼 우리나라 학교 규칙의 가장 큰 문제점은 '모호함'이라고 할 수 있다. 그렇기 때문에 교육 현장에서 학교 규칙은 명확한 기준이나 근거 없이 '학생다움'이라는 이름 아래 '관리자'나 '교사의 재량'에 따라 강제되고 있다.

교사 : 이제 우리 학교에서는 이렇게 행동해서는 안 된다.

학생 : 왜죠?

교사 : 학교 규칙이 개정되었거든.

학생 : 작년에는 허용해 줬잖아요!

교사 : 교장선생님이 새로 오셨잖아. 그러니까 잔말 말고 그냥 따라.

이와 같은 상황이 반복되면 학생들은 학교 규칙에 대해 어떤 생각을 갖게 될까? 아마 겉으로는 따르는 척해도 속으로는 불만으로 가득할 것이다. 학교 구성원의 의견 수렴과 계도 기간 없이 학교장의 의사에 따라 일률적으로 규칙을 강요하는 것은, 교사와 학생 모두를 힘들게 한다. 단위 학교의 자율권도 중요하지만, 그것이 관리자 한 사람의 취향에 따라 좌지우지되어서는 안 된다. 교육계의 전체적인 인식 변화와 합의를 통해 학교 규칙의 제정과 운영이 결국 '관리자의 문제'로 귀결되는 악순환의 고리를 끊어야 한다. 다음 대화를 살펴보자.

> **교사** : 학생답게 좀 하고 다니거라.
> **학생** : 학생다운 게 뭔가요?
> **교사** : 학생답지 못하게 지금 말대꾸하는 거니?
> **학생** : 아뇨, 그냥 물어보는 거예요. 학생다운 게 뭔지 궁금해서요.

위 대화에서도 알 수 있듯이 '학생다움'이라는 말은 매우 추상적이다. '학생다움'에 대해서 백 명의 교사에게 설명하라고 하면, 백 개의 다른 답이 나올 것이다. 앞서 서술했듯이 학생들은 교사에 따라 다르게 적용되는 규칙에 대해 불만을 가지고 있다. 교사들은 교사들대로 명확한 기준 없이 자의적이고 주관적으로 규칙을 적용해야 하는 현실에 스트레스를 받고 있다. 이처럼 모호한 규칙은 학교 현장에서 교사와 학생 간에 불필요한 갈등을 유발하고 있다. 실제로 학생들은 '다른 선생님은 별말 안 하시는데, 왜 선생님만 뭐라고 하세요?'라는 말을 자주 한다. 이 말 속에는 학교의 제재가 공정하지 않다는 인식이 담겨 있다. 일관적이지 않은 학교 규칙의 적용은 학생들에게 혼란과 억울함만 가져다줄 뿐, 어떠한 반성이나 성찰의 기회도 제공하지 못한다. 이러한 학교 규칙의 맨 앞자리에 '학생다움'이라는 말이 자리 잡고 있다.

- 경기도 A 고등학교 : 복장은 항상 학생답게 검소하고 깨끗한 복장으로 생활한다.
- 충남 B 초등학교 : 복장은 학생의 신분에 어울리는 단정한 자유 복장을 착용한다. 두발은 학생답게 자유롭고 단정하게 한다. 신발은 활동에 편리하며 학생 신분에 맞게 검소한 것을 착용한다. 가방은 학생의 신분에 맞는 것을 사용하도록 한다.
- 서울 C 초등학교 : 학생은 상황과 계절에 맞게 옷을 입고 용의를 단정히 해야 한다. 두발과 복장은 항상 청결하고 단정하게 유지하도록 한다. 학생 신분에 어긋나는 부정한 행동을 하지 않는다.

위에 제시된 것처럼 여전히 학교 규칙에 '학생답게', '단정하게'와 같은 모호한 기준을 적용하는 학교들이 많다. 어떤 가방이 학생의 신분에 맞는 가방인지, 학생 신분에 어울리는 단정한 복장은 구체적으로 어떤 것인지 도무지 판단하기 어렵나. 앞서 살펴본 다른 나라들의 사례와 크게 비교되는 부분이다. 우리나라의 경우 학생 생활지도를 개별 교사의 역량에 크게 의존하고 있다. 그러나 교사 양성 과정에서 학생 생활지도에 대해 자세히 배워 본 적도 없고, 스스로 깊은 고민을 해 본 적도 없는 교사들에게 이러한 판단을 맡기고 있는 현실은 상당한 문제가 있다고 생각한다. 이러한 상황에서 교사가 되어 바로 학생을 지도하게 된다면, 결국 관행적으로 해 오던 방식을 그대로 답습할 수밖에 없다. 학교 현장에서 통제 중심의 훈육 방식이 사라지지 않고 계속되고 있는 원인을 이러한 측면에서도 생각해 봐야 한다. 이를 위해서는 규칙의 제정뿐 아니라 운영 및 지도 방식 역시 구체적이고 체계적으로 제시되어야 할 것이다.

규칙을 통해 무엇을 어떻게 가르칠 것인가

학교 규칙이라는 것이 대체로 학생을 효율적으로 통제하기 위한 목적으로 만들어져 왔기 때문에, 학교 규칙에 특정한 교육철학이 담겨 있는 경우는 거의 없다. 다시 말해, 학교 규칙에 이 조항이 왜 필요한지, 누구에게 도움이 되는지, 어떠한 교육적 효과가 있는지에 대한 고민이 결여되어 있는 것이다. 그러다 보니 학생들을 논리적으로 설득하기도 어렵고, 교육적 의미도 발견하기 힘든 게 사실이다.

나 역시 교육자의 한 사람으로서, 제한된 시간 내에 학생들을 가장 효율적으로 통제하는 방법이 무엇인지 궁리한 적이 있다. 변명의 말을 덧붙이자면, 나도 '강력한 훈육과 효율'을 추구하는 학교 교육을 받았기 때문에 다른 교육 방법을 접해 볼 기회가 많지 않았고, 학생들을 한 명씩 붙잡고 찬찬히 이야기할 시간이 부족한 경우가 많았다. 이처럼 학교라는 공간은 지나치게 효율적 측면에 집중되어 있다. 규칙을 통해 학생들에게 어떠한 교육적 가치를 가르칠 것인지에 대한 고민도 필요하지만, 이를 어떻게 실행할 수 있을 것인지에 대한 교육계 전반의 성찰과 합의도 필요한 시점이다.

규칙이 '규칙을 어기는 아이들'을 만든다면

황당한 규칙도 지켜야 하나

학생이 지키기 힘든 규칙을 만들어 놓고, 학생을 '규칙 위반자'로 만드는 경우도 있다. 학교 현장에 실제로 존재하는 황당한 규칙들을 함께 살펴보자.

- 서울 A 중학교 : 여름에는 교복 안에 흰색·베이지색 계열의 속옷을 착용한다. 겨울철 양말은 검은색·회색·남색 계열이어야 한다.
- 서울 B 고등학교 : 폴라티는 검은색·회색·흰색·갈색 중 하나여야 하며, 무늬가 있거나 목이 늘어져 있어서는 안 된다. 각종 출입문을 여닫을 때 큰 소리가 안 나게 주의한다. 수첩을 가지고 다니며 조회· 종례 시 지시·전달 사항을 기록하는 습관을 기른다.

오늘날 학교 현장에는 여전히 이처럼 '황당한' 규칙을 가진 학교들이 존재하고 있다. 여학생들의 속옷 색깔을 규정한다는 것은 속옷 검사라도 하겠다는 뜻인가? 이 규칙이 마련될 때 아이들의 인권을 고려해 보기는 했을까? 인권 감수성은 물론이고 젠더 감수성도 부족한 시대착오적 규칙이 아닐 수 없다. 폴라티의 목이 늘어져서는 안 된다는 규칙 역시 마찬가지다. 폴라티가 어디까지 늘어져야 규칙 위반이란 말인가? 각종 출입문을 여닫을 때 큰 소리가 나면 안 된다는 규칙도 문제의 소지가 있다. 공중도덕을 지킨다는 측면에서 권유될 수 있지만, 규칙 안에 포함시켜 처벌 및 징계의 가능성을 남겨 두는 것은 옳지 않다.

요즘 여학생의 교복 사이즈는 거의 아동복 수준으로 작게 나온다. 그래서 사이즈가 큰 남학생 셔츠를 구입해서 착용하려는 여학생들이 있는데, 이를 허용하는 학교도 있지만 그렇지 않은 학교도 있다. 여학생이 남학생 교복을 입으면 안 되는 이유는 무엇일까? 더 나아가 여학생 교복과 남학생 교복을 구분해야 하는 이유는 무엇일까?

학생들이 어길 수밖에 없는 규칙이 아니라 제대로 지킬 수 있는 규칙을 만들어야 한다. 그리고 무작정 규칙을 어긴 학생을 처벌하는 게 아니라, 학생이 왜 규칙을 어기게 되었는지 살피고 해당 규칙에 문제가 없는지 점검해야 한다. '학생 점검'에서 '규칙 점검'으로 시선을 옮겨, 학생들을 규칙 위반자로 만드는 규칙을 찾아 개정하는 것 또한 교육 현장의 시급한 과제로 보인다.

지키지 못할 규칙이라면 바꿔야

2018년에 부산의 한 여자중학교는 '흰색 속옷만 착용하라'는 학교 규칙에 학생들이 반발하고 나서면서 화제가 되었다.[12] 이 학교의 학생들은 학교의 계단과 벽에 자신들의 생각이 담긴 메모지를 붙이며 "학교가 개인의 속옷 색깔까지 규정하는 것은 인권침해"라며 반발했다. 이러한 뉴스를 접할 때마다, 청소년들은 이처럼 높은 인권의식과 성찰 능력을 갖고 있는데, 오히려 학교가 이를 따라잡지 못하고 있는 게 아닌가 하는 생각이 든다.

2019년에 미국에서는 매우 흥미로운 판결이 있었다. 미국의 한 여학생이 '여학생의 바지 착용을 금지한다'는 학교 규칙 조항에 대해 위헌 소송을 제기했고, 결국 위헌 판결이 내려졌다. 피고 측(학교)은 "여학생의 치마 착용은 전통적 가치에 바탕을 둔 것으로 규율과 질서를 위해 필요하며, 이러한 규정을 삭제할 경우에 남녀 성별에 대한 존중이 훼손될 것"이라고 주장했지만, 이러한 주장과 여학생의 치마 착용 의무화 사이에 어떠한 상관관계가 있는지 입증하지 못했다. 미국 법원은 해당 규칙에 대해 헌법상 평등 조항 위배로 결정을 내렸다고 한다.[13]

---

12. 국민일보, '흰색 속옷만 입으라'는 학칙에 반발한 여중생…포스트잇 시위, 2018. 6. 16.
13. 연합뉴스, 미국 법원, 여학생 바지 금지, 치마 의무화에 "위헌" 판결, 2019. 4. 1.

체벌이라는 강력한 통제 수단이 있던 시절과 달리, 이제 더 이상 폭력적인 수단으로 학생을 '제압'할 수 있는 시대가 아니다. 제압은 결코 교육적이지도 인권적이지도 않다. 지금 우리에게 필요한 것은 합리적이고 명확한 기준을 가진 학교 규칙이며, 이러한 조건에 맞지 않는 비합리적이고 추상적인 규칙들을 학교 구성원 간의 협의를 통해 신속히 개정해야 한다.

실내화 착용 규칙도 다시 생각해 볼 문제다. 매일 아침 학교에서는 실내화를 가져오지 않은 학생들과 씨름이 벌어진다. 아침부터 잔소리를 듣는 학생들의 마음도 괴롭고, 왜 안 가져왔느냐며 잔소리를 해야 하는 교사들의 마음도 편치 않을 것이다. 이럴 바에는 차라리 실내화 규정을 없애는 게 어떨까 싶다. 실내화를 착용하지 않으면 무슨 일이 생길까? 학교를 제외하고, 늘 스스로 실내화를 챙겨 가야 하는 장소는 존재하지 않는다. 보통은 실내화 착용이 필요한 경우, 해당 장소에서 실내화를 제공한다. 학교에서의 실내화 착용이 절대적으로 필요하다면, 학교 예산으로 신발장을 구입하여 현관에 비치하도록 하면 실내화 규칙 위반으로 잔소리를 하는 교사와 잔소리를 듣는 학생 모두에게 좋은 결과를 가져올 수 있지 않을까?

이것이 바로 '통제를 위한 통제'가 아니라 '무엇을 위한 통제'이며 '무엇을 위한 규칙'인지에 대한 고민을 계속해야 하는 이유다.

폭력적이지 않더라도
폭력 비슷하다면

학교 규칙은 처벌 규정의 다른 말

사실 규칙은 가치중립적인 용어일 수 있다. 그러나 학교 규칙은 곧 처벌 규정의 다른 이름이라 할 정도로 학생들을 통제하기 위한 수단으로 활용되고 있는 것이 현실이다. 규칙이라는 용어가 학생들에게 긍정적으로 인식되지 않는 이유이기도 하다. 학교를 그만두기로 한 학생들의 경우 대부분 학교 규칙과 크고 작은 충돌을 겪으며 마음의 상처를 받은 경험이 있다고 밝히고 있다.

Q. 학교 규칙으로 힘들었던 경험이 있나요?

학생 1 : 저는 흡연하다가 여러 번 적발되어 학교를 자퇴했거든요. 물론 청소년이 흡연해도 좋다는 게 아니에요. 저도 제가 잘못한 일이라 생각합니다. 다만 제가 흡연하다 적발될 때마다 금연할 수 있도록 지도해 주시는 분이 아무도 안 계셨어요. 규칙을 위반하면 처벌을 받아야 하지만, 그 규칙을 어기지 않도록 도와주는 것도 필요하다고 생각해요.

Q. 학교 규칙에 대해 어떻게 생각하나요?

학생 2 : 학교 규칙 자체는 필요하다고 생각해요. 그런데 학교 규칙은 학생들 의사도 반영이 잘 안 되고, 학생들을 처벌하기 위한 내용만 가득하다고 생각해요. 학생을 칭찬하는 규칙 같은 건 별로 없잖아요. 다 처벌하기 위한 내용만 있는 것 같아요. '학교는 학생을 처벌하기 위해 존재하는 곳인가?' 하는 생각도 많이 들었어요.

학생 3 : 맞아요. 학교 규칙은 학생을 어떻게 잘 통제할 것인가에만 초점이 맞춰져 있는 것 같아요. 그런 부분은 개선이 필요하다고 생각해요.

위 대화는 학교 밖 청소년을 인터뷰한 내용이다. 학교를 그만둔 입장이라서 학교 규칙에 대해 부정적으로 생각하는 것이 아니라 학교 규칙의 부정적인 요소에 영향을 받았다는 사실이 시사하는 바가 있다. 규칙을 위반하면 위반한 '사실'만 가지고 지도를 해야 하는데 말을 하다 보면 과해지는 경우가 있다. 특히 부모님을 언급하면 아이들은 마음의 상처를 받는다. 교사 입장에서는 자극과 반성을 위해

허는 말이지만, 이는 다른 차원의 자극과 상처로 이어지고 아이들을 학교에서 점점 멀어지게 한다. 이런 식의 지도 방식은 규칙이나 학교, 제도에 대한 반감만 키워줄 뿐 교육적 효과를 얻기 힘들다. 나 역시 학생을 지도하는 과정에서 "너 앞으로 잘하는지 두고 볼 거야." 라는 말을 했다가 민원을 받고 고생했던 기억이 있다. '두고 보자'는 말이 듣기에 따라 협박이 될 수도 있다는 것을 그때 처음 알게 되었다. 학생들의 인터뷰 내용대로 현재 학교 규칙이 사실상 처벌 규정으로만 활용되고 있다. 왜 학교 규칙에는 처벌과 징계를 위한 내용만 있고, 칭찬과 격려를 위한 내용은 없을까? 학교 규칙이 누구를 위해 존재하는지 다시 한 번 확인할 수 있는 부분이다.

규칙 위반에 관한 구체적인 지도 방법이 필요하다

학생들은 학교 규칙이 적용되는 과정에서 학생의 인격이 침해되는 경우가 있다고 말하기도 했다. 다음은 서울의 모 고등학교에 재학 중인 학생들의 인터뷰 내용을 정리한 것이다.

Q. 학교 규칙 위반으로 지도를 받을 때 기분이 상했던 적이 있나요?
학생 4 : 부모님을 언급할 때요. 네가 이러고 다니는 걸 부모님도 아시냐, 부모님한테 미안하지 않느냐는 말을 들으면 기분이 좋지 않아요.

그냥 제가 잘못한 행동에 대해서만 지적해도 충분할 텐데 왜 부모님 이
야기를 계속하는지 이해가 안 돼요. 자존심도 많이 상하고요.

Q. 학교 규칙 위반으로 지도를 받을 때 어떻게 해 줬으면 좋겠어요?
학생 5 : 부모님 얘기는 진짜 안 했으면 좋겠어요. 가뜩이나 부모님한
테 죄송한데 그런 말까지 들으면 진짜 속상하거든요. 나중에 뭐가 되려
고 그러느냐, 나랑 한번 해보자는 거냐는 말도 안 했으면 좋겠어요.
학생 6 : 종종 선생님들한테 무례하거나 공손하지 않다는 이야기를 들
을 때가 있어요. 그럴 때는 그러면 되겠느냐고 혼만 내지 마시고, 이런
상황에서는 이렇게 행동하는 게 좋다고 알려 주셨으면 좋겠어요.

앞서 여러 번 지적했듯이 우리나라의 학교 규칙에는 모호한 규
정이 많기 때문에 규칙 위반으로 지도를 받는 학생들을 대하는 학
교의 태도도 천차만별이다. 그래서 같은 규칙을 위반해도 별말 없이
넘어가는 경우가 있는가 하면, 자존심 상하는 말들을 들으며 인격
모독을 당하는 경우가 있다. 이는 전적으로 규칙 위반에 관한 지도
방법이 세부적으로 규정되어 있지 않아 발생하는 일이며, 교사 개인
의 역량에만 맡긴 결과라 할 수 있다. 교사들에게 규칙 위반에 관한
구체적인 지도 방법을 익힐 기회가 주어져야, 아이들의 인격을 침해
하거나 이로 인해 선생님들 또한 자기도 모르는 사이에 가해자가 되
는 일을 막을 수 있다.

4 장

학교 규칙의
변화 가능성

좋은 규칙은
좋은 관계에서 나온다

학교 규칙의 존재 목적

그리스의 철학자 아리스토텔레스는 인간을 사회적 동물로 규정했다. 개인은 사회 없이 존재할 수 없으며, 인간은 끊임없이 타인과 관계 맺음으로써 존재한다는 것이다. 개인주의가 만연한 세상이라지만 인간은 물리적으로나 정서적으로나 절대로 혼자 살아갈 수 없다. 영화 〈캐스트 어웨이〉에서 무인도에 표류된 주인공이 극심한 외로움과 고독을 이기지 못하고 배구공 친구 윌슨을 창조해 내는 장면은 이러한 사실을 잘 보여 준다. 인간이 겪는 고통의 대부분이 타인과의 관계에서 비롯된다고 하지만, 마찬가지로 인간이 느끼는 행복도 타인과의 관계에서 찾을 수 있다. 신영복 선생님의 서화 〈삶〉에는 다음과 같은 글귀가 적혀 있다.

'사람'으로 읽어도 좋습니다. '삶'으로 읽어도 좋습니다. 사람의 준말이 삶이기 때문입니다. 우리의 삶은 사람과의 만남입니다. 우리가 일생 동안 경영하는 일의 70%가 사람과의 일입니다. 좋은 사람을 만나고 스스로 좋은 사람이 되는 것이 나의 삶과 우리의 삶을 아름답게 가꾸는 일입니다.

그 누구도 사람과의 관계에서 자유로울 수 없다. 아이들의 경우에는 특히 인간관계에 민감하고, 인간관계로 많이 고민한다. 학교에서 아이들이 느끼는 행복은 대부분 친구와의 관계 그리고 선생님과의 관계와 관련되어 있다. 아이들이 느끼는 불행 역시 친구 또는 선생님과의 관계와 관련되어 있다. 학교 성적이 좋지 않아도 함께 있어 즐거운 친구가 있으면 학교에서의 행복 지수는 올라간다.

흔히 규칙은 질서를 위한 것이라고 말한다. 그렇지만 혼자가 아닌 타인과 '함께' 생활하는 공간이기 때문에 질서가 필요한 것이다. 이처럼 '규칙'은 다른 사람과의 '관계'에서 발생한다. 학교 규칙 역시 학교 구성원들이 서로 좋은 관계를 유지하기 위해 만들어진 것이다. 그렇기 때문에 학교 규칙을 만들고 적용하기 전에, 학교 구성원 간의 관계에 대한 고민이 우선되어야 한다. 학교 공간에서 함께 잘 지내기 위해 무엇이 더 중요하고 무엇이 덜 중요한지 논의해야 하고, 이러한 과정에서 학교 공동체의 구성원 중 누군가 소외되거나 희생되는 사람이 없는지 끊임없이 살펴봐야 한다.

매년 봄, 새 학기가 시작되면 각 학급에서는 새로운 학급 규칙이 만들어진다. 담임선생님을 비롯하여 학급의 모든 구성원들이 일 년 동안 함께 생활하기 위해 지켜야 할 규칙을 정하는 것이다. 물론 담임선생님에 의해 이미 만들어진 규칙을 공표하거나, 몇 가지의 피상적인 규칙을 정하는 것으로 마무리하는 경우도 있다.

초등학교의 경우에는 학급 규칙을 만들 때 수업 시간을 활용하는 등 좀 더 시간과 정성을 들이기도 하지만, 중학교와 고등학교의 경우에는 담임선생님이 일방적으로 학교 규칙을 전달하거나, 담임선생님이 중요하게 생각하는 우선순위를 전달하는 것으로 간단히 끝내기도 한다. (특히 초등학교에서) 학급 규칙을 다 같이 만들 때는 '학급 회의' 혹은 '약속 나무 만들기'와 같은 방법이 활용된다.

그렇지만 이러한 과정 역시 형식적으로 운영되고 있지 않은지 생각해 볼 필요가 있다. 이때 나오는 규칙들은 학생들이 이전에 경험해서 익숙한 것들, 또는 이유도 모른 채 지켜 왔던 것들의 반복인 경우가 많다. 그래서 먼저 규칙의 '내용'보다 규칙의 '실제'를 고민해 볼 필요가 있다. 규칙이 무엇을 위한 것인지 교사와 학생들이 서로 충분히 이야기를 나눈 후에 보다 근본적인 접근을 해야 한다.

예를 들어, 매년 초마다 '교실 안에서는 조용히 해야 한다'는 규칙이 정해지지만 늘 그렇듯 잘 지켜지지 않는다. 사실 이 규칙은 아이들이 어렸을 때부터 귀에 못이 박히도록 들어온 말이어서, 아이들과 규칙 회의를 할 때 가장 먼저 등장하는 아주 형식적인 규칙이다.

오히려 이 규칙이 정해지고 아이들이 서로 조용히 하라고 소리치는 바람에 더 시끄러워지는 경우도 있다.

이처럼 지키지도 못할 '학급 규칙'을 형식적으로 정하는 것보다 간단한 '학급 약속'을 정하는 것이 더 효과적일 수 있다. 예를 들어 '누군가 필요할 때 큰 소리로 박수를 치면 다 같이 박수 세 번을 치도록 약속하는 것'이 여기에 해당한다. 학급 구성원 모두가 참여하여 이와 같은 작은 약속에 대한 합의를 이끌어 내는 것이 훨씬 더 조용한 교실을 만들 수 있으며, 이러한 과정을 통해 학급 규칙이나 학급 약속이 왜 필요한지 함께 생각해 볼 수 있다.

규칙은 불필요한 갈등 상황이 생기지 않도록 해야 하는데, 유명무실한 규칙은 오히려 갈등의 원인이 되기도 한다. 그러므로 학급 구성원들은 학급 규칙을 비판적으로 검토하여 불필요한 규칙은 과감하게 삭제하고, 학기 초에 정해진 유명무실한 규칙을 유지하기보다는 필요할 때마다 규칙을 다시 논의해 보는 시간을 가져야 한다. 어쩌면 우리는 없어져도 괜찮은 규칙들을 당연해 보인다는 이유로 그대로 놔두고 있는지도 모른다. 만들어야 해서 만든 규칙은 구성원 간의 관계를 살리는 것이 아니라 관계를 해치는 결과를 낳는다. 규칙의 목적이 '좋은 관계'를 위한 것이었다는 것을, 규칙에 대한 이야기를 나누는 순간마다 상기하는 과정이 꼭 필요하다.

어떤 규칙은 표현만 바꾸어도 훨씬 좋아질 수 있다. 예를 들어 '조용히 하기'를 '남을 배려하기'로 바꾸는 식으로 말이다. 그러면 아이들은 어떠한 행동을 하기 전에 자신의 행동이 타인에게 미치는 영향을 충분히 고민하게 된다. 수동적으로 규칙을 따르는 태도에서, 능동적으로 규칙을 지키는 태도로 바뀌는 것이다. 똑같이 '시끄럽게 떠들지 않는' 결과를 만들지라도 어느 규칙에서 출발했느냐에 따라 본질적으로 다른 행동이 되고, 이것이 '능동적인 규칙'과 '수동적인 규칙'으로 나뉘는 기준이 되기도 한다. 학교나 교실에서도 이처럼 불필요한 규칙을 없애고 규칙의 본질에 초점을 맞추면, 오히려 꼭 지켜야 할 규칙들에 더 집중할 수 있다.

학생과 소통할 시간이 부족한 교사

학교 구성원 간의 긍정적인 관계 맺기를 방해하는 것은 잘못된 학교 규칙만이 아니다. 학교 현장에는 과도한 행정 업무로 학생과 소통할 시간이 부족한 교사들이 너무 많다. 교사가 가진 시간은 한정되어 있는데, 수업 준비와 수업 진행을 하는 틈틈이 쏟아지는 행정 업무를 처리하다 보면 하루가 다 지나가 버린다. 그만큼 교실 안에서 아이들과 관계 맺는 데 필요한 시간이 줄어드는 것이다.

교사가 교실 안에서 아이들과 어떻게 소통하고, 어떻게 관계 맺는지에 따라 교실 분위기는 크게 달라진다. 교사가 학급 내 관계 맺기에 관심을 갖고 적극적으로 참여하는 경우, 학교 폭력을 비롯하여 아이들 사이에 벌어지는 크고 작은 갈등과 다툼을 예방할 수 있다. 예를 들어, 교사가 평소에 아이들 간의 관계를 눈여겨보고 있었다면, "승호야. 영미는 네가 어제 영미한테 그림 못 그린다고 말한 게 아직까지 섭섭한 모양이야. 영미 마음 알고 있었어?" 하는 식으로, 교사의 말 한마디나 작은 행동을 통해 사소한 오해가 다툼으로 번지는 것을 막을 수 있다. 이러한 작고 사소한 개입은 교사의 꾸준한 관심과 세심한 관찰을 통해서만 가능하다.

다음은 '어떤 선생님이 좋은 선생님이라고 생각하나요?'라는 질문에 대한 학생들의 답변이다. 아래 내용을 읽어 보면, 교실 안에서 교사와 학생의 관계 맺기가 얼마나 중요한지 명확하게 알 수 있다.

- **학생들을 이해해 주는 선생님** _전이연 초등학교 6학년
- **학생들의 생각을 잘 읽어 주는 선생님, 공감을 잘해 주는 선생님**

  _이준혁 초등학교 6학년
- **학생들의 이야기를 잘 들어 주고 차별하지 않는 선생님** _강민지 초등학교 6학년
- **수업을 잘하고 친절한 선생님** _이지은 고등학교 1학년
- **상담을 잘해 주는 선생님** _허영민 고등학교 1학년
- **학생들과 소통을 잘하고 필요한 조언을 많이 해 주는 선생님** _남윤수 고등학교 2학년

아이들은 공통적으로 학생들의 이야기에 귀 기울이며, 학생들의 마음을 잘 이해해 주는 선생님을 좋은 선생님이라고 생각했다. 다시 말해, 아이들과 소통하며 좋은 관계를 맺기 위해 노력하는 선생님을 좋은 선생님이라고 생각하는 것이다. 수업을 잘하는 선생님이라는 답변도 있었지만, 절대 다수의 아이들이 '소통'과 '공감'을 잘하는 선생님을 꼽았다. 이처럼 아이들이 가장 중요하게 생각하는 것은 '관계'였다. 학교 규칙을 비롯하여 학교의 근본적인 목적과 정체성을 '관계'에서 찾아야 한다고 주장하는 것도 이러한 이유 때문이다. 교실 안에서의 '좋은 관계'가 바탕이 되어야 아이들도 더욱 건강하고 행복하게 자신의 능력과 소질을 개발할 수 있다.

그러나 과도한 업무에 쫓겨 시간이 부족한 교사에게 이러한 관계 맺기는 현실적으로 불가능하다.

"처리해야 할 업무가 많은 날이 있어요. 그런 날은 당연히 쉬는 시간이고 점심시간이고 틈나는 대로 업무를 처리해야 해요. 아이들이 저한테 와도 이야기를 들어 줄 마음의 여유가 없죠. 특별히 아이들 사이에 개입해야 할 심각한 갈등이 벌어진 게 아니면, 미안하지만 바빠서 이야기할 시간이 없다고 말할 수밖에 없어요. 사실 아이들은 특별한 일이 없어도 그냥 선생님과 이야기하고 싶은 마음에 오는 것인데, 미안하기도 하고 안타깝기도 하죠."_한재민 초등학교 교사

이러한 상황이 반복되면 아이들은 신생님과 편하게 이야기 나눌 수 있을 거라는 기대를 버리고, 선생님에게 더 이상 다가가지 않게 된다. 그러나 학교생활에서 교사와 학생 사이의 소통은 절대적으로 필요하다. 수업 시간 외에도 쉬는 시간이나 점심시간 등을 이용하여 아이들과 수시로 이야기를 나누어야, 자연스럽게 요즘 아이들이 무슨 생각을 하고 어떻게 지내는지 알 수 있다. 이 과정에서 교사와 학생 사이에 유대 관계가 형성된다. 그래서 어떤 교사는 업무가 너무 많을 때에는 교과 진도에 영향을 주지 않는 선에서 수업 시간을 이용하여 개인 면담을 진행한다고 한다.

> "행정 업무에 둘러싸여 진짜 교사 업무를 하지 못할 때면 내가 하고 있는 일의 본질이 무엇인지 생각하게 돼요. 내가 학생을 가르치는 교사인지 행정 업무를 처리하는 공무원인지 가끔 헷갈릴 때도 있어요."
>
> _고영진 초등학교 교사

학교 현장에는 이처럼 교육 공무원으로서 자신의 업무와 정체성에 대해 고민하는 교사들이 적지 않다. 학교 교사로서 '교육'이라는 본질과 목표에 좀 더 집중할 수 있도록, 학교와 교육 당국이 불필요한 행정 업무를 줄이고 업무 환경을 효율적으로 개선시켜, 교사들에게 아이들과 충분히 소통할 수 있는 시간을 마련해 주었으면 한다.

서로 대면하지 않는 교사들

학교의 구조적인 문제도 있다. 학교 안에서 교사들 간에 관계 맺기가 점점 더 어려워지고 있다. 직접 얼굴을 보며 이야기하기보다는 메신저로 대화하는 일은 흔하며, 심한 경우 학교에 출근해서 퇴근할 때까지 다른 선생님과 한 번도 말을 섞지 않는 날도 있다.

"학교로 출근하면 바로 교실로 가죠. 쉬는 시간에도 계속 교실에 있어요. 쉬는 시간에 아이들이 많이 다투기도 하니까 웬만하면 교실에 있고, 꼭 그렇지 않더라도 습관처럼 자리에 앉아 있을 때가 많아요. 교실에서 수업을 하다가 점심시간이 되면 아이들을 데리고 급식실로 가요. 급식도 아이들과 함께 먹죠. 오후에 다시 수업을 하고 수업이 끝나고 나면 마찬가지로 교실 안에서 수업 준비를 하거나 행정 업무를 끝내고 퇴근을 해요. 다른 선생님들과의 소통은 거의 전적으로 메시지에 의존하는 것 같아요. 파일을 주고받고 수업 자료를 공유할 때도 말이죠. 가끔 같은 학년 선생님끼리 모여서 차를 마시거나 회의를 하는데, 그것도 일주일에 한두 번이에요. 전체 교사들이 모여 회의하는 것도 줄어들고 전체 회식도 하지 않는 추세라 서로 얼굴 볼 일이 더 없어졌어요. 새 학기가 시작하고 몇 개월이 지났는데, 우리 학교 선생님인지 손님인지 헷갈린 적도 있어요. 알고 보니 다른 학년 선생님이셨어요. 그 선생님도 어지간히 교실 밖으로 안 나오셨나 봐요." _박창진 초등학교 교사

학교 조직은 기업이나 나른 공무원 조직에 비해 느슨한 편이다. 교사들은 회사원이나 일반 공무원처럼 부서별로 나뉘어서 조직적으로 일하지 않는다. 교실에서 아이들을 가르치고 각자 맡은 업무를 처리하다 보니 다른 선생님과 소통할 일이 없다. 그래서인지 학교에서는 다른 선생님의 일에 관여하지 않는 경향이 있다. 이처럼 학교 안에서 교사들 간의 관계는 동료 관계임에도 불구하고 서로 소통할 기회가 없다는 구조적인 한계를 갖고 있다.

어떠한 공동체든 구성원 간에 소통이 활발하지 않으면 민주적인 공동체를 만들기 어렵다. 교사와 교사, 학생과 학생, 학생과 교사, 학부모와 교사 등 학교 공동체 구성원 간에 원활한 의사소통을 가능하게 하는 시스템 구축이 필요하다. 웹 기반 서비스를 활용할 수도 있고, 학교가 크지 않은 경우에 학교 소통 공간이나 소통함을 만들어 서로의 의견이 공유될 수 있는 통로를 만들 수도 있다. 지금까지 없었던 학교 구성원 간의 '소통'과 '공감'을 위해서는 이처럼 개별 학교의 특성에 맞는 소통 방법을 찾는 노력이 필요하다. 누군가 먼저 진정성을 보인다면, 이를 계기로 점차 사람들이 모여들 것이다. 이러한 노력이 계속될 때 서로 소통하는 학교 문화가 비로소 완성될 것이다.

관습화된 규칙이 해제되었을 때
소통이 시작되었다

관리자 한 사람이 바꿀 수 있는 것들

아직까지는 학교 내의 규칙 혁신에 대한 사례나 연구가 많지 않다. 규칙을 혁신하려는 시도나 규칙을 혁신했을 때 좋은 결과로 이어진 모델 역시 찾기 어렵다. 그만큼 쉽지 않은 일이기 때문일 것이다. 교사 개인의 노력이나 힘으로는 불가능하고, 특히 관리자의 힘이나 도움이 없으면 더더욱 불가능하다.

최근에 교사들 사이에서 크게 화제가 된 이야기가 하나 있다. 혁신적인 교장선생님 밑에서 학교가 완전히 바뀌게 된 이야기다. 이 이야기를 들으면서, 많은 선생님들이 이 모든 것이 가능하다는 것에 크게 놀라며 자그마한 기대와 희망을 품게 되었다. 이 이야기는 한 학교의 선생님이 새로 부임한 교장선생님의 놀라운 행보를 기록한 내용을 바탕으로 한다. 여기서는 A 학교의 B 교장선생님으로 지칭하며, 학생 복장·학생 배려·교사 신뢰·복무·공문·탈권위·민원 처리 등 총 일곱 개의 주제로 나누어 소개하고자 한다.

① 학생 복장

학교에서 가장 논란이 되는 규칙이 바로 복장 관련 규칙이다. A 학교에서도 수업 시간에 교복 위에 패딩을 입는 일이 논란이 되었다고 한다. 그러자 B 교장선생님은 "아이들에게 일주일만 교복 위에 패딩을 입게 해 주고 문제가 생기면 다시 논의해 보자"며 교복 위에 패딩을 못 입게 하는 선생님들을 설득했다고 한다. 일주일 뒤에 학교에는 아무런 문제도 생기지 않았고, 패딩을 둘러싼 논란은 사라졌다. 흔히 학교라는 공간에서 교사들은 '통제자'가 된다. 생각보다 많은 선생님들이 '교사는 학생을 통제해야 하는 사람'이라는 생각을 가지고 있다. 이 에피소드는 B 교장선생님이 관리자로서 선생님들을 통제의 대상이 아닌 신뢰의 대상으로 생각하고 있다는 것을 보여 줌으로써, 선생님들도 학생들을 통제의 대상이 아닌 신뢰의 대상으로 생각할 수 있게 해 준 사례다.

② 학생 배려

B 교장선생님은 어떤 결정을 내리기 전에 항상 학생들을 대상으로 설문 조사부터 실시했다고 한다. 학교의 주인인 학생들의 생각을 근거로 다른 이들을 설득하기 위해서였다고 한다. 보통 학교에서는 방과 후에

문을 잠근다. 혹시 모를 사고를 예방하기 위해서이다. A 학교도 마찬가지로 오후 6시가 되면 학교 후문을 잠갔고, 그 때문에 학생들은 후문과 가까운 장소를 가야 할 때에도 정문으로 돌아 나가야 했다. 이에 B 교장선생님은 학교 정문과 후문을 24시간 개방하는 것으로 바꾸었다. 이 역시 일주일 동안 해 보고 문제가 생기면 다시 예전처럼 하자고 했지만, 결국 아무 문제도 생기지 않았고 지금도 계속해서 학교 정문과 후문을 24시간 개방하고 있다고 한다. 여학생들의 화장 역시 화장을 한다는 이유로 생활 태도가 흐트러지거나 공부를 못하게 된다는 과학적 근거를 본 적 없다고 하면서 화장을 허용해 주었다고 한다. 흔히 학교의 주인은 학생이라고 말한다. 하지만 그렇게 말하는 사람들 모두가 정말로 그렇게 생각하고 있는지는 잘 모르겠다. B 교장선생님은 학교의 주인은 학생이라는 자신의 생각을 실천을 통해 보여 주었다. 학생들의 사고를 책임져야 하는 관리자의 입장에서 그렇게 생각하고 또 행동으로 옮기는 일이 결코 쉽지는 않았을 것이다.

③ 교사 신뢰

어느 날, A 학교 학생들 사이에서 심각한 문제가 발생했다. 해당 학년을 맡은 부장선생님이 B 교장선생님에게 죄송하다고 말하자, B 교장선생님은 "학년 부장이 죄송할 일이 아니니 앞으로는 절대로 죄송하다고 말하지 말고 교장이 도울 일이 있으면 알려 달라"고 말했다고 한다. 실제로 학교에 문제가 생겼을 때 담당 교사들은 사안 처리와 별도로 관리자에게 혼이 나는 경우도 많다. 그래서 A 학교 부장선생님도 문제가 생기자 곧바로 B 교장선생님을 찾아가 죄송하다고 말했을 것이다. 그러나 교실에서 문제나 사고가 생기는 것을 교사의 힘으로 모두 막을 수는 없다. B 교장선생님이 교사를 신뢰하고 있다는 것을 다시 한 번 확인할 수 있는 사례다. 그리고 교권 침해 상황이 발생할 경우에는, 해당 선생님에게 "학교의 입장을 고려하지 말고 선생님이 원하는 대로 무조건 처리해 줄 테니 솔직하게 말해 달라"고 말한다고 한다. 교권 침해 상황에서 전적으로 교사의 편을 드는 관리자는 흔치 않다. 많은 관리자들이 '학교 폭력 위원회' 이상으로 '교권 침해 위원회'를 여는 것을 꺼린다. 그래서 보통 설득하거나 달래는 경우가 많은데, 교권을 침해당한 선생님의 생각대로 하겠다는 관리자는 B 교장선생님을 제외하고는 들어본 적이 없다. 또 B 교장선생님은 학교에서 단순한 문제가 발생해도 혼자 결정하기보다는 선생님들과 상의한 후에 선생님들이 원하는 결정을 하려고 노력한다고 한다. 그러면서 늘 "제가 무엇을 도와드리면 될까요?"라는 말을 덧붙인다고 하는데, 여기서도 B 교장선생님이 스스로 관리자의 역할을 '상관'이 아니라 '조력자'로 생각하고 있다는 것을 확인할 수 있다. 학교에서 흔히 접하기 힘든 교장선생님인 것은 분명하다.

④ 복무

'국가공무원 복무규정'에 의하면 교사들은 연가 일수를 경력에 따라 최대 21일까지 차등 지급받는다. 그러나 실제로 학교 현장에서는 연가를 자유롭게 쓰기가 쉽지 않다. 학교 관리자인 교장, 교감이 복무 결재권자이기 때문에 학교 관리자의 성격에 따라 차이가 있다. 구두 보고로 사전 결재를 받게 하는 곳도 있고, 특별한 이유 없이는 허락해 주지 않는 곳도 있다. 하지만 B 교장선생님은 사전 구두 결재 역시 필요하지 않을뿐더러 조퇴의 경우는 학년 부장에게 전결권을 맡겼다고 한다. 학년 부장이 조퇴 전결권자가 되는 경우는 흔치 않다. 복무 감사에서 문제가 생기면 학교장이 불이익을 받을 수 있기 때문이다. 혹시 모를 자신의 불이익을 감수하면서 학년 부장을 포함한 일반 교사들을 완전하게 신뢰해야만 가능한 일이다. 또 B 교장선생님은 "방학 때 학생도 없는데 굳이 교사가 나올 필요가 없다"며 교사 방학 근무를 없앴다고 한다.

⑤ 공문

학교에서 교사는 아이들을 가르치고 학급을 관리하는 일만 하지 않는다. 담당 업무에 따라 교육청에서 오는 공문을 처리하고 기안문을 올려야 하는데, 신규 교사의 경우 기안문 작성에 익숙하지 않아 교무실에 여러 번 불려가 수정을 반복하기도 한다. 그런데 B 교장선생님은 교사가 올린 기안문에 사소한 수정이 필요한 경우에는 직접 수정해서 결재하고, 큰 수정이 필요한 경우에는 담당 교사에게 전화로 수정 허락을 구했다고 한다. 이렇게 결재자가 '완벽한 기안문'을 요구하지 않고 실수를 '혼내지' 않는다면, 교사 입장에서는 심적인 부담이 줄어들고 기안문 작성에 쏟는 에너지를 아이들에게 집중하는 데 쓸 수 있을 것이다.

⑥ 달권위

어떤 조직에서든 다른 사람을 관리하고 통제할 수 있는 자리에 있는 사람이 그 힘을 내려놓고 다른 구성원들을 수평적으로 대한다는 것이 말처럼 쉬운 일만은 아니다. 이것은 학교도 마찬가지여서, 실제로 학교 현장에서 권위 의식을 가지고 있지 않은 관리자를 만나기란 쉽지 않다. B 교장선생님은 이러한 면에서도 우리의 기대를 저버리지 않고 그야말로 탈권위적 모습을 보여 주었는데, 일단 본인이 관리자라고 불리는 것을 대단히 싫어했다고 한다. 교장실에 손님이 오면 직접 커피나 차를 타서 대접하고, 스스로 출퇴근 시간을 칼같이 지켜 다른 선생님들이 관리자의 눈치를 보지 않고 편하게 퇴근할 수 있도록 했으며, 졸업앨범에 교장선생님 사진이 단독으로 크게 들어가는 것도 싫어해서 교장선생님 사진을 빼고 그 자리에 학생 활동 사진을 추가로 넣으라고 했다고 한다. 교장선생님이 이러한 모습을 보이는 학교에서 선생님들이 학생들을 권위적으로 통제하기는 힘들 것이다. A 교장선생님의 '탈권위' 에피소드들이 다른 선생님들의 훨씬 더 많은 '탈권위' 에피소드를 만들어 냈을 것이라고 확신한다.

⑦ 민원 처리

학부모 민원이 들어왔을 때만큼 교장선생님의 진짜 모습을 알 수 있는 경우도 없다. 평소에 선생님을 위하는 말, 격려하는 말을 자주 하는 교장선생님도 학부모 민원 앞에서는 다른 모습을 보여 주는 경우가 많았기 때문이다. 말도 안 되는 민원을 그대로 들어주려고 하다가 학교 교사들과 갈등이 생기는 경우도 있고, 반대로 말도 안 되는 민원을 들고 온 학부모와 크게 싸우는 경우도 있다. 그러나 B 교장선생님의 민원 대응 방식은 남달랐다. 학부모가 말도 안 되는 민원을 가지고 오면, 일단은 이야기를 다 들어 주고 웬만해서는 즉답을 하지 않는다고 한다. 그러고 나서 "좋은 의견 주셔서 감사하고, 3일만 시간을 주면 교육청 등을 통해 잘 알아보겠다"며 학부모를 돌려보낸다. 그리고 3일 후에 다시 학부모에게 연락을 하면, 감정이 어느 정도 가라앉아 일이 쉽게 해결되는 경우가 많다는 것이다. 학부모들이 학교에 항의를 하러 오는 경우는 대부분 진짜로 문제를 해결하기 위해서라기보다는 감정이 상해서 따지러 오는 경우가 많다. 이러한 경우에는 논리적으로 해결하기 힘들기 때문에 일단 이야기를 잘 들어 주고, 감정이 가라앉은 다음에 제대로 이야기하는 편이 좋다. 민원과는 조금 다른 경우지만, 학교 외부에서 평가 혹은 점검을 하러 오는 경우에도, B 교장선생님은 평가자에게 잘 봐달라고 하지 않고 "있는 그대로 보고 고쳐야 할 점이 있으면 꼭 알려 달라"고 말한다고 한다.

혁신적인 관리자 한 사람으로 인해 이렇게 다양한 변화가 일어날 수 있다는 사실이 정말 놀랍다. 이 교장선생님은 평소에 학교 공간에서 근거 없이 당연시되는 생각과 규칙들을 비판적으로 검토해 왔을 것이다. 그리고 스스로 이것을 어떻게 바꿀 수 있는지 답을 찾으려 노력하고, 실제로 그것을 교육 현장에서 실천하기 위해 노력한 것이다. 그러나 이와 같은 변화가 관리자 한 사람의 힘에 의해서만 이루어져서는 안 된다. 한 사람의 힘이 이렇게 큰데 그 힘이 모인다면 얼마나 클까? 교육이라는 거대한 '공룡'의 걸음을 바꾸는 일은 교육에 관심을 가지는 학생, 학부모, 교사의 생각이 모두 모여야 가능한 일이다. 우리에게는 바로 이러한 고민을 공유하는 일이 필요하다. 언젠가는 이 놀라운 변화가 어느 한 사람의 이야기가 아니라, 누구나의 이야기가 되는 날이 올 수 있을 거라 희망을 걸어 본다.

이 규칙만큼은 꼭 필요해

학생들이 꼭 필요하다고 생각하는 학교 규칙

학생과 교사 모두 학교 규칙에 대한 불만이 많았지만, 학교에는 반드시 규칙이 필요하다는 것이 이들의 공통된 생각이었다. 그렇다면 학교에 꼭 필요한 규칙은 무엇일까? 다음은 '꼭 필요하다고 생각하는 학교 규칙은 무엇인가?'라는 질문에 대한 학생들의 답변이다.

쓰레기 아무 데나 버리지 않기

아침에 휴대폰 제출하기

수업 시간에 조용히 하기

수업 시간에 지각하지 않기

선생님에게 함부로 말하거나 아무 때나 대들지 않기

먼저, 이 규칙들은 '질서'를 위한 규칙이다. 공동생활의 질서를 유지하기 위해 아이들도 최소한 이러한 것들만큼은 꼭 지켜야 한다고 생각하는 것이다. 쓰레기를 아무 데나 버리지 않는 것은 깨끗하고 쾌적한 환경을 유지하기 위한 것이며, 수업 시간에 지각하지 않거나 떠들지 않는 것은 모든 사람이 수업에 조용히 집중할 수 있는 환경을 마련하기 위한 것이다. 자유란 모든 행동을 자기 멋대로 하는 것이 아니며, 다른 사람과 함께 생활하는 공간에서는 서로 지켜야 할 의무가 있다는 것을 아이들 역시 인지하고 있었다. 계속해서 학생들의 답변을 살펴보자.

친구가 싫어하는 행동을 하지 않기
나와 다르다고 차별하지 않기
남에게 피해 주는 행동을 하지 않기
친구를 배려하고 존중하기
욕이나 비속어, 폭력을 쓰지 않기

이 규칙들은 타인을 '배려'하는 규칙들이다. 아이들은 공동생활을 위해서는 '질서'를 잘 지켜야 할 뿐 아니라, 서로를 '배려'해야 한다고 생각하고 있었다. 아이들도 규칙이 타인과의 좋은 관계를 유지하기 위해 존재한다는 것을 이미 알고 있는 것이다.

교사들이 꼭 필요하다고 생각하는 학교 규칙

그렇다면 교사들의 경우는 어떨까? 다음은 '꼭 필요하다고 생각하는 학교 규칙은 무엇인가?'라는 질문에 대한 교사들의 답변이다.

다른 사람을 배려하기
다른 사람의 자유를 침해하지 않기
다른 사람에게 피해 주지 않기
다른 사람의 물건을 함부로 만지지 않기
욕이나 비속어 사용하지 않기

교사들이 생각하는 '꼭 필요한 학교 규칙' 역시 본질적으로 아이들이 생각하는 '꼭 필요한 학교 규칙'과 크게 다르지 않았다. 모두 공동생활을 위해 '질서'를 지키고 타인을 '배려'하는 규칙들이다. 학교 규칙을 통해 다른 사람의 자유를 침해하지 않고, 피해를 주지 않으며, 서로가 넘지 말아야 할 선을 지키는 법을 배우는 일은 아이들이 한 사회의 구성원으로서 다른 사람들과 어울려 살아가는 데 중요한 경험이 될 것이다. 이처럼 학교 규칙을 통해 '관계'에 대해 성찰할 수 있는 기회를 갖는다는 점에서 큰 의미가 있다. 계속해서 교사들의 답변을 살펴보자.

위험한 행동을 하지 않는 것

위험한 물건을 가져오지 않는 것

교실에서 폭력을 사용하지 않는 것

이 규칙들은 '사고'를 방지하기 위한 규칙이다. 교사에게 학생들을 안전하게 관리해야 할 의무가 점점 더 강조되고 있기 때문에 어쩌면 교사들의 머릿속에서 이러한 규칙들이 가장 먼저 떠올랐을지도 모른다. 위험한 행동을 금지하거나 위험한 물건을 가지고 오지 않는 것은 교실 내에서 안전사고를 방지하는 데 꼭 필요하다. 교실에서 폭력을 사용하지 않는 것은 말할 것도 없이 꼭 지켜야 할 규칙 중의 하나이다.

교사들의 답변 중에 흥미로운 내용이 하나 있었는데, 다름 아닌 교직원들 사이에 하고 싶은 말을 자유롭게 나눌 수 있는 익명 게시판이 있었으면 좋겠다는 것이었다. 아마도 지금보다 자유롭게 소통하고 싶은 마음을 표현한 것이라고 생각된다. 현재 학교 교직원들 간의 의사소통 구조는 자신의 생각과 의견을 되도록 '덜 표현하는 구조'라고 할 수 있다. 그러나 이러한 태도는 오해와 추측을 남기고, 결국에는 소통 자체를 포기하는 결과를 낳는다. 다양한 논의를 통해 학생과 교사뿐 아니라 학교 구성원 모두가 지금보다 자유롭고 민주적인 소통을 할 수 있는 구조로 변화되기를 기대해 본다.

학급 관리와 경영에 대한
교사의 실질적 역량 강화가 필요하다

늘어나는 학부모 민원과 교권 침해

교권 침해에 대한 목소리가 점점 더 커지고 있다. 국회 교육위원회 소속의 한 의원이 교육부로부터 받은 '최근 5년간 교육 활동 침해 및 조치 현황'에 따르면 2018년에 '학부모 등에 의한 교권 침해'는 210건으로 최근 5년간 가장 높은 수치를 기록했다고 한다. 또 한국교원단체총연합회가 2019년 4월에 교원 5,493명을 대상으로 실시한 '38회 스승의 날 기념 설문 조사'에서 "교직생활 중 가장 큰 어려움이 무엇이냐"는 질문에 가장 많은 응답을 받은 문항은 '학부모 민원 및 관계 유지'였다.[14]

---

14. 세계일보, '학부모 교권침해 심각…괴로운 교사들', 2019. 5. 13.

이처럼 학부모 민원이 늘어나는 현상과 이유에 대해 교사들의 의견을 들어 봤다.

"학교가 민원 처리 기관이 된 것 같아요. 아버지와 아들이 당나귀를 장에 팔려고 데리고 가는 이야기 아시죠? 지나가는 사람들의 말을 듣고 처음에는 아버지를 태우고 가고, 그다음에는 아들을 태우고 가고, 나중에는 둘이서 당나귀를 들고 가다가 강에 빠지면서 끝나는 이야기요. 요즘 학교를 보면 그 이야기가 떠올라요."_양지은 초등학교 교사

"요즘은 사소한 일도 학교에 말하지 않고 바로 교육청으로 민원을 넣어 버려요. 제가 어렸을 때는 '스승의 그림자도 밟지 마라'는 말을 들었는데, 지금은 농담으로라도 듣기 힘든 말이죠. 사실 그 말 자체는 별로 좋아하지 않아요. 근데 가끔 스승의 그림자가 아니라 스승을 밟고 있는 것 같은 이야기를 들을 때는 씁쓸해요."_익명 초등학교 교사

이처럼 민원이 점점 더 늘어나고 있는 현실 속에서 교사들은 자괴감에 빠져 있었다. 그렇다면 그 원인은 무엇일까? 첫 번째는 학부모의 세대교체다. 이전과 달리 요즘 학부모들은 경제적 어려움 때문에 못 배운 사람도 없고, 국가 권력으로부터 억압받던 시대를 살아오지도 않았다. 그래서 스스로 부당하다고 생각하는 일이 있으면 민원을 통해 거리낌 없이 자기 의견을 표출한다.

두 번째는 학부모의 부정적인 학교 인식이다. 현재의 학부모들은 체벌이 존재하던 시절에 학교를 다녔다. 지금은 생각할 수도 없지만 불과 10년 전까지 교실에서 아이들을 때리는 행위는 아이들을 통제하는 중요한 방법이었다. 따라서 학부모들에게 학교는 통제와 감시, 처벌이 있는 공간일 뿐 교사의 전문성으로 운영되는 공간으로는 잘 인식되지 않는다.

세 번째는 학부모와 교사 간의 소통 부재다. 대부분 학부모들은 아이의 이야기를 통해 학교에서 무슨 일이 벌어졌는지 이해하고 판단한다. 하지만 한쪽의 이야기만을 듣고 판단하는 것은 매우 위험하다. 특히 초등학생 아이의 경우, 아직 상황을 객관적으로 볼 수 있는 인지능력을 갖추고 있지 못하다. 이것은 교사와 학부모 간에 소통이 원활하게 이루어지지 않는 구조적 문제 때문이다. 이러한 구조 속에서 학부모들이 정확한 교실 상황을 알기 어렵다.

사회적으로 인정받지 못하는 교사의 전문성

학부모의 민원이 늘어나고 교권 침해가 늘어나는 또 한 가지의 이유는, 교사들의 전문성이 사회적으로 인정받지 못하고 있기 때문이다. 다음 교사 인터뷰를 살펴보자.

"교권 침해가 늘어나는 것은 학교 교사의 전문성을 인정하지 않기 때문이라고 생각합니다. 전문성을 인정한다면 쉽게 따질 수 없습니다. 예를 들어 짜장면이 어떻게 만들어지는지 전혀 모르는 사람은 중국집에 가서 짜장면을 만드는 데 이래라저래라 할 수 없듯이 말이죠. 하지만 학부모들은 기본적으로 아이들을 키우고 있기 때문에 아이들의 교육에 대해 어느 정도 안다고 생각합니다. 심한 경우에는 초등교사는 초등 교과 지식만 알고 있으면 누구나 할 수 있는 것 아니냐고 말하기도 합니다. 저 역시 친구들을 만나면 '그냥 애들하고 하루 종일 놀다 오는 거 아니야?'라는 이야기를 들을 때가 있습니다."_익명 초등학교 교사

위 인터뷰에서처럼 교사의 전문성이 사회적으로 인정받지 못하고 있는 게 사실이다. 사람들은 폐암이 의심된다는 의사의 말은 믿어도 자녀의 주의력 결핍 장애가 의심된다는 교사의 말은 잘 믿지 않는다. 교사의 전문성에 대한 의심은 민원을 넘어 교권 침해로 이어진다.

"교권이요? 저희들은 처음부터 그런 건 없다고 생각했어요. 선배 교사들은 좀 다르게 느끼시는 것 같아요. 신규 교사 시절에 저희를 보고 힘든 시절에 교사가 되었다고 말씀하는 분이 계셨어요. '너희는 교사되기도 힘들었는데 교사 생활하기도 힘들겠다. 앞으로 점점 더 힘들어질 텐데 안쓰럽다'고 말씀하셨어요."_익명 초등학교 교사

실제로 교권 침해 횟수는 해마다 증가하고 있다. 요즘에는 학년이 바뀌면 학부모들이 새로운 담임교사에 대해 알아보고, 어떠한 성향의 선생님인지 이전에 어떠한 일이 있었는지 서로 정보를 공유한다고 한다. 담임교사의 성격에 따라 아이들에게 미치는 영향이 다르다고 생각하기 때문이다. 그러나 이미 성격이 좋은 선생님, 성격이 나쁜 선생님으로 불린다는 것은 교사로서 아이들을 관리하는 전문성을 사회적으로 인정받지 못하고 있는 현실을 그대로 보여 준다.

교직관을 분류할 때 일반적으로 '성직관', '노동직관', '전문직관'의 세 가지로 분류한다. 성직관은 중세 시대 목사나 신부가 교육을 주로 담당하면서 생긴 관점이고, 노동직관은 교사 역시 급여를 받고 일하는 근로자에 불과하다는 관점이다. 마지막으로 전문직관은 교사는 그 직업을 수행하기 위해 특별한 지식과 기능이 필요하다는 교사의 전문성을 인정해 주는 관점이다. 교직관에 대한 연구 조사에서 교사들이 가장 많이 가지고 있는 관점은 전문직관이었다. 하지만 앞서 살펴봤듯이 교직의 전문성을 사회적으로 인정받기 위해서는 시간이 더 필요할 것으로 보인다.

교사들은 다른 원인은 제쳐 두고라도 왜 이러한 상황이 되었는지 스스로 성찰해 봐야 한다. 이를 위해 무엇보다 먼저 우리나라의 교사 양성 및 선발 과정을 점검해 볼 필요가 있다.

학급 관리와 경영을 배울 수 없는 교사 양성 시스템

우리나라 교사 양성 과정은 대부분 교육학 이론과 교과목 지식, 교수법으로 구성되어 있다. 즉, 예비 교사들이 배우는 것은 '수업'에 관련된 것이 대부분이다. 교생실습도 있지만 실습에서 가장 큰 부분을 차지하는 것은 역시 '수업'이며, 아이들의 생활지도를 할 수 있는 기회는 거의 주어지지 않는다. 이처럼 현재의 교사 양성 과정에는 직접 학급 공동체를 운영해 보며 다양한 학급 운영 방법을 고민해 볼 수 있는 기회가 없다.

하지만 초임 교사들이 가장 많은 어려움을 호소하는 것은 학급 관리다. 교사 양성 과정에서 학급 관리와 경영에 대한 실질적 역량을 길러 주지 않는다면, 교육 현장에서의 학급 관리는 교사 개인의 재량에 의존할 수밖에 없을 것이다. 모든 교사들이 성공적으로 관리를 한다면 문제가 생기지 않겠지만, 불행히도 실패하는 경우가 많이 발생하고 있다. 그리고 이러한 경험이 쌓인 학부모들과 아이들은 교실이라는 공간을 불신하게 될 가능성이 크다.

이처럼 우리나라 교사 양성 과정의 미비함이 '학급 관리와 규칙에 대한 철학이 부족한 교사'를 만들어 내고 있는지도 모른다.

예비 교사들은 교사 양성 과정을 마치면 임용고사라는 시험을 치른다. 임용고사는 결코 만만한 시험이 아니다. 논술 시험과 심층 면접, 수업 지도안 작성, 수업 시연, 영어 면접 등 전체 시험이 총 3일

동안 이루어질 정도로 많은 능력을 요구한다. 이 시험을 통과한다는 것은 교육 현장에서 필요로 하는 교사로서의 능력을 어느 정도 갖추었다는 뜻일 것이다. 그래서 신규 교사들은 교육 현장에 들어오자마자 배신감을 느낀다. 실제 교육 현장에서는 전혀 다른 능력을 요구하기 때문이다. 다음은 임용고사에 대한 신규 교사들의 생각이다.

"임용고사 준비하면서 공부한 거 다 필요 없어요. 3개월만 지나면 다 까먹어요. 딱 시험을 통과하기 위한 지식이었던 것 같아요."
_**익명** 초등학교 교사

"학교에 발령이 나자마자 들은 이야기가 '요즘 신규들은 대단하다. 그 어려운 임용고사를 통과해서 왔다.'라는 말이에요. 근데 그 어려운 임용고사 때 준비한 것들을 어디다 쓰는지 모르겠어요. 아이들과 소통하는 법이나 요즘 아이들의 특성, 나이스 쓰는 법 이런 건 하나도 안 배웠거든요. 근데 현장에서는 그게 거의 100퍼센트니까요. 왜 교수님들은 이런 건 하나도 안 알려 줬을까요?"_**익명** 초등학교 교사

"만약 임용고사가 교사로서의 능력을 제대로 측정하고 있다면 임용고사 점수가 높을수록 더 좋은 교사가 되어야겠죠. 그런데 현장에서는 그렇지가 않습니다."_**익명** 초등학교 교사

임용고사가 실제 현장에서 필요로 하는 능력을 측정하지 못하고 있다는 것이 현직 교사들의 공통된 의견이다. 현재의 임용고사는 사실상 교사 지망생들의 지적 능력만을 측정하는 통과 기제에 불과하다. 교사에게 가장 중요한 능력 중 하나인 학급 경영 능력은 측정 항목에 존재하지도 않는다. 학부모와의 관계, 동료 교사와의 관계, 학교 문화와 소통 방법 등 실제 학교 공동체의 일원으로서의 능력은 전혀 고려하지 않는다.

이처럼 교사 양성 및 선발 과정에서 '생활지도' 혹은 '학급경영'이 차지하는 비중은 매우 낮다. 그러나 교사는 수업을 진행할 뿐 아니라 학급 공동체를 운영한다. 학교 내에서 교사들이 가장 많은 에너지를 써야 하는 것도 '생활지도'다. 하지만 교사 양성 및 선발 과정에서 압도적인 비율로 강조되는 것은 '수업'이다. 수업이 중요하지 않다는 말이 아니다. 현장 상황이 양성 과정과 선발 과정에도 반영되어야 한다는 말이다. 교사 양성 과정에서는 예비 교사들이 학교 규칙과 생활지도에 대해 직접적인 경험을 하고, 이에 대한 나름의 생각을 정립하고 다른 예비 교사들과 공유할 수 있는 기회를 제공해야 한다. 학급 규칙이 학급 경영에서 어떠한 역할을 하는지, 학교 규칙은 어떠한 과정을 통해서 만들어지는 것이 옳은 것인지를 중요한 과목으로 다루어 예비 교사들이 이에 대해 깊은 고민을 하고 이론적 토대를 쌓을 수 있도록 해야 한다. 마지막으로 교사 선발 과정에서도 이러한 생각과 능력을 평가에 반영해야 한다.

교사 개인의 재량에 의존하지 않는 시스템 만들기

교사의 질이 곧 교육의 질이다. 교육 현장을 바꾸기 위해서는 먼저 교사가 바뀌어야 한다. 교사가 바뀌기 위해서는 교사 양성 및 선발 방식과 학교 문화가 바뀌어야 한다. 대한민국에서 교직은 핀란드나 독일만큼 유능한 인재들이 몰리는 곳이다. 이러한 인재들을 무사안일 공무원으로, 철학이 없는 교사로 만들어서는 안 된다. 무엇보다 학교 규칙을 통한 학급 관리 능력, 생활지도 능력 등 교사로서 실질적으로 필요한 전문적인 능력을 길러 주는 과정이 있어야 한다.

정식 교사로 발령받고 나서 신규 교사들은 곧바로 경력직 교사들과 같은 일을 하게 된다. 오히려 신규 교사라는 일로 더 많은 일을 주기도 한다. 현장에서는 배운 적도 없고 해 보지도 않은 업무들과 '기피 학년' 담임이 신규 교사를 기다리고 있다. 많은 신규 교사들이 양성 과정에서 경험하고 배운 것과 실제 현장에서 요구하는 능력 간의 괴리에 고통을 겪는다. 심한 경우 직업적 회의감을 가지게 되기도 하고 실제로 1년 안에 그만두는 경우도 있다.

교사를 길러 내는 과정에서도 잠재적 교육과정을 고려해야 한다. 예비 교사들은 교육 현장과의 실질적인 소통 속에서 명시적으로 목표하지 않은 많은 것들을 느끼고 체득할 수 있을 것이다. 이것을 체득하고 서로 공유할 수 있는 시스템이 만들어진다면 당연히 교실 관리와 생활지도 등의 실무적 능력이 교사 개인의 성격이나 재량에 의존하게 되는 것이 아니라 보다 일관되고 체계적인 질적 향상을 기대할 수 있을 것이다. 교실 분위기가 교사들의 개인 재량에만 의존하게 된다면 교사의 전문성은 영원히 인정받지 못할 것이다.

신규 교사들이 현장에 성공적으로 적응할 수 있도록 하는 '수습 교사' 기간도 제도적으로 생각해 볼 필요가 있다. 신규 교사들이 이론적으로 배워 온 것을 토대로 학습을 이어갈 수 있도록 해 주며 교육 현장의 경험을 조금씩 쌓아 갈 수 있게 해 줘야 한다.

교육 현장 개선도 필요하다. 현재 학교 현장에서는 행정 업무를 잘하고 각종 승진 가산점이 주어지는 행사와 사업들을 챙겨 높은 점수를 쌓아서 교감이 되고 교장이 된다. 수업 준비를 잘하고 아이들과 잘 소통하는 것과는 아무런 상관이 없다. 이러한 승진 시스템에는 분명히 문제가 있다. 뛰어난 수업 능력, 민주적인 학급 관리 능력, 학생 생활지도 능력을 갖춘 교사가 관리자가 되어야 교사들도 이로부터 긍정적인 영향을 받게 될 것이다.

마지막으로 교직의 전문성을 유지하고 향상시키기 위해 교사들은 끊임없이 노력해야 한다. 학급 관리와 학급 규칙에 대해 교사 개인의 재량에만 의존하는 것이 아니라 좀 더 체계적인 연수를 통해서 전문성을 길러 내도록 해야 한다. 그래야 사회적으로도 교사들의 전문성을 인정받을 수 있고, '선생님'이라는 것 자체로 신뢰받을 수 있을 것이다.

학생인권조례가 보여 준 가능성

학생에게도 인권이 있다

우리나라에서 학생인권조례는 경기도 교육청에서 가장 먼저 시행되었다. 김상곤 당시 경기도교육감 후보자는 2009년 선거에 출마하며 학생인권조례를 제시했고, 선거에 당선되자 학생인권조례 제정위원회를 구성하여 조례안을 만들고 학생인권조례를 발의했다. 이 과정에서 실제로 학생들이 참여하여 검토하기도 했다. 이것이 2010년 9월 16일 경기도의회를 통과했고, 같은 해 10월 5일 학생인권조례가 공포되었다.

학생인권조례가 처음 시행되었을 때 그 파장은 어마어마했다. 보수 단체의 반대는 엄청났고, 보수 일간지에서는 연일 부정적인 기사들을 쏟아 냈다. 당시 언론에서는 우리나라 교육이 완전히 무너질

섯처럼 말했지만, 10년이 채 지나지 않은 지금도 경기도 교육은 무너지지 않았다. 학생인권조례는 경기도 교육의 풍토를 바꾸었고, 이후 다른 지역으로 퍼져 나갔으며 몇몇 지역에서는 현재 학생인권조례 혹은 이것을 토대로 만든 비슷한 조례를 시행하기 위해 추진 중에 있다. 2019년 6월 경남교육청에서 발의한 학생인권조례는 경남도의회 교육위원회의에서 부결되었으며, 인천시 교육청은 학생인권조례를 토대로 만든 '학교인권조례'를 준비하고 있다. 이처럼 학생인권조례는 아직도 현재 진행 중이다.

학생인권조례 이전에 학생들은 학교의 주체가 아니라 철저한 통제 대상이었다. 그리고 이들을 통제하는 것이 학교 선생님들의 중요한 역할이었다. '모범생'이라는 말은 착실하게 통제받는 착한 학생이라는 뜻이었다. 학생인권조례는 우리나라 교육이 선진 교육으로 나아가는 중요한 단계의 도약이었다. 학생의 인권이 없는 학교는 병영과 다를 바가 없는 것이다.

지금은 어린이에 대한 보호가 법적으로 보장되어 있고 사회적으로도 어린이를 보호해야 한다는 인식이 강하지만, 19세기 초 영국의 산업혁명 시기 자본가들에게 어린이는 저임금으로 노동을 시킬 수 있는 효율적인 노동자였다. 그 '효율적인 노동자' 중에는 6살짜리도 있었다. 어린이들은 일요일도 없이 하루 12시간 이상을 근무해야 했다. 결국 영국 정부에서는 19세기 후반 어린이들을 보호하는 법을 만들었다. 여성 인권의 역사도 그리 길지 않다. 18세기까지도 여성은 남성보다 열등하게 여겨졌고 참정권도 없었다. 1789년 프랑스 혁명도 남성의 인권만을 천명했을 뿐이다. 민주주의 국가로 유명한 프랑스조차 1946년에서야 법적으로 여성 참정권을 얻을 수 있었다. 이처럼 끝없는 투쟁이 현재 여성의 권리를 보장하게 만들었고, 물론 현재도 계속 진행 중이다. 흑인은 어떨까? 미국에서 20세기 중반까지 흑인들은 법적으로 백인과 평등한 교육을 받을 수 없었다. 1964년 존슨 대통령이 '민권법civil right of act'을 통과시키면서 비로소 법적으로 완전한 평등을 이루어 낼 수 있었다. 물론 실질적 차별은 꽤 오랜 시간 지속되었고 현재도 남아 있다고 하지만 미국에서는 2008년에 최초의 흑인 대통령이 당선되기도 했다.

이처럼 법치 사회에서는 법적 제도가 굉장히 중요한 의미를 갖는다. 2010년 학생인권조례가 제정되었다고 해서 현장에서 곧바로 학생 인권이 보장된 것도 아니다. 지금 우리의 학교를 보면 알 수 있다. 많은 학교에서 학생은 여전히 통제의 대상이다. 학교라는 공간은 여전히 통제의 규칙들로 가득 차 있다. 하지만 분명히 앞으로 나아가고 있다. 지금 이 글도 더 나아가기 위한 노력이다.

많은 사람들은 본능적으로 새로운 길을 두려워한다. 어떠한 일이 벌어질지 모르기 때문이다. 하지만 이렇게 한 걸음 한 걸음 지나가고 돌이켜 보면 비로소 우리가 걸어온 길이 보인다. 이전에 있던 곳에서 더 나아가 다른 곳에 서야 다른 풍경이 보인다. 그리고 더 나아가야 할 길을 찾을 수 있다.

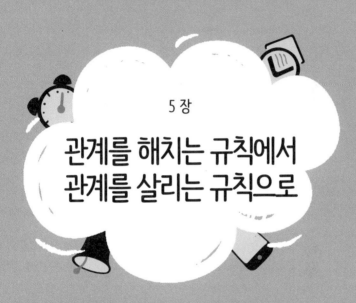

5 장

관계를 해치는 규칙에서
관계를 살리는 규칙으로

인성과 가치는 지속적인 관계 안에서 배운다

우리는 무엇을 하려고 하는가

　미국의 교육 개혁가인 존 홀트는 저서《아이들은 왜 실패하는가》
(아침이슬)에서 자신의 교사 시절 경험을 하나 이야기한다. 어느 날, 그
는 아이들에게 작문 숙제를 내 주면서 다음과 같은 규칙을 제시했
다. 첫 번째는 원고 한 쪽에 세 개 이상의 실수가 있어서는 안 된다
는 것이었고, 두 번째는 세 개 이상의 실수가 있을 경우에는 그 쪽
을 다시 정리해야 한다는 것이었다. 작문 숙제 검사 날, 한 아이의 작
문 숙제를 검토해 보니 한 쪽에서 다섯 개의 실수가 나왔다. 그는 아
이에게 원고를 돌려주며 규칙에 따라 최대한 친절하게 좀 더 정성을
들여서 다시 써 오라고 말했다. 아이는 한숨을 쉬며 다시 쓰기 시작
했고, 다시 돌아온 원고에는 실수가 일곱 개로 늘어나 있었다. 글씨

체도 이전보다 엉망이었다. 이러한 광경을 지켜보던 다른 아이가 그에게 물었다.

"도대체 뭘 하려고 그러시나요?"

존 홀트는 자신이 세운 규칙에 대해 다시 생각해 보았다. '원고 한 쪽에 세 개 이상 틀리지 말 것'이라는 규칙은 아이들의 작문 실력을 향상시키기 위해서였는데, 어느새 본래의 목적은 사라지고, 아이들에게는 틀린 것이 세 개가 넘으면 계속 다시 써야 하는 '벌'이 내려지고 있었다. 그리고 이러한 과정에서 아이들은 작문에 대한 즐거움을 잃어버린 채 오직 실수하지 않기 위해, 그리고 다시 쓰지 않기 위해 고군분투하고 있었다. 이러한 경험이 반복되면 결국 아이들은 작문 자체를 싫어하게 될 것이다.

위와 같은 경험을 통해 깨달음을 얻은 존 홀트는 "우리는 학교에서 하는 모든 활동이 궁극적인 교육 목표를 이루는 데 도움이 되는지 끊임없이 질문해야 한다"고 강조했다. 규칙만을 강조하는 존 홀트를 지켜보던 한 아이가 던진 질문이, 이미 정해진 학교 규칙만을 강조하고 있는 우리 모두에게 하는 질문처럼 다가온다.

"도대체 무엇을 하려고 그러는가?"

학교 규칙은 구성원들의 공동생활을 위해 꼭 필요하지만, 원래의 목적을 잃어버리면 서로에게 부담으로만 작용하게 된다. 학교 구성원들이 서로 배려하며 좋은 관계를 맺기 위해 만든 규칙인데, 관계를 잇기는커녕 관계를 단절시키는 역할을 하게 되는 것이다. 그렇게 '관계'는 사라지고 '규칙'만 남는다.

존 홀트가 아이들에게 내세운 '원고 한 쪽에 세 개 이상 틀리지 말 것'이라는 규칙은 결국 글쓰기에 대한 아이들의 관심과 흥미를 떨어뜨리는 역효과를 낳았을 뿐, 아이들의 작문 실력을 향상시키는 데 아무런 도움이 되지 못했다. 아이들의 작문 실력 향상을 위해 필요한 것은 '지적'과 '수정'이 아니라 '관심'과 '이해' 그리고 '칭찬'과 '격려'다. 선생님이 아이와 마주 앉아 작문의 인상 깊었던 부분과 좋았던 부분을 이야기하고, 더 고민이 필요한 부분에 대해서 조언하며, 칭찬과 격려를 아끼지 않는 장면을 떠올려 보자. 아이는 자신의 글에 관심을 가지고 진지하게 읽어 주는 선생님에게 더 좋은 글, 더 멋진 글을 써서 보여 주고 싶어질 것이다. 이처럼 아이와의 좋은 관계 맺음을 바탕으로 교육 활동이 이루어질 때 아이의 인성과 실력은 함께 성장하게 된다.

관계란 경험을 통해 배워가는 것

'다른 학년과 서로 얘기하지 말라'는 규칙이 있는 중학교가 있었다. 이전 해에 3학년 선배가 1학년 후배들을 불러다 인사를 하지 않는다고 혼을 내고 기합을 준 일이 있었기 때문이다. 이후 이와 비슷한 크고 작은 사건들이 이어지면서, 학교는 이러한 일을 막기 위해 선배와 후배를 아예 분리시키는 방법을 취한 것이다.

같은 학교 공간 안에 있기 때문에 복도와 화장실, 운동장 등에서 다른 학년과 마주치는 일은 수시로 일어날 수밖에 없다. 그러나 '다른 학년과 서로 얘기하지 말라'는 규칙이 있기 때문에, 아이들은 저만치 다른 학년이 보이면 눈을 내리깔거나 복도 양 옆으로 밀착해서 서로 눈도 마주치지 않으려고 노력해야 했다.

학교 입장에서는 '더 이상 문제가 생기지 않게' 조치한 것이지만, 아이들 입장에서는 참으로 불편한 규칙이 되어 버렸다. 같은 학교의 선배와 후배로서 다른 학년을 어떻게 대해야 하는지 가르쳐 주지 않고, 이들 사이의 관계를 끊어 버림으로써 문제의 싹을 잘라 버린 셈이다. 서로 소통이 없으니 문제가 생길 가능성도 현저히 줄어든 것은 분명하다. 그러나 이로 인해 학교의 모든 학생이 서로 다른 학년을 배척하고 경계해야 하는 상황이 되어 버렸다.

이러한 방식은 근본적인 문제를 해결하지도 못할뿐더러 교육적으로도 의미가 없다. 우리는 평생 또래끼리만 생활할 수 없다. 학생들은 학교를 벗어나 사회인이 되는 순간 나이와 성별을 넘어선 다양한 관계를 만나게 된다. 학교에서 다양한 관계를 미리 경험하지 않으면 학생들은 그야말로 무방비 상태로 세상에 던져지게 된다. 학교에서 다른 학년을 경계하고 기피하던 아이들이 사회에서 다른 사람을 열린 마음으로 받아들이고 포용하기는 어렵다. 이러한 모습이 바로 "요즘 세대는 인성에 문제가 많다"는 평가로 이어지는 것이다.

그리고 이처럼 서로를 분리시키는 조치는 문제의 싹을 자르는 것이 아니라 문제를 더 키우고 있는 것인지도 모른다. 서로를 경계하며 모른 척하다가 어느 순간 무의식적으로 상대방의 반감 어린 표정을 발견했을 때, 그동안 쌓여 왔던 불만과 불편함이 터져 나와 더 큰 싸움과 갈등으로 이어질 수 있다. 학생들을 성숙한 사회인으로 키우기 위해서는 갈등을 피하고 관계를 단절시킬 것이 아니라, 관계 안에서 다양한 시행착오를 겪으며 제대로 소통하는 법을 배워 나갈 수 있도록 해야 한다.

　'관계'의 문제는 다시 '인성 교육'의 문제로 이어진다. 학교마다 매년 인성 교육을 필수적으로 하고 있지만 대부분 형식적으로 진행되고 있다. 강당에 앉아 '인성을 이루는 3요소'에 대해 듣는다고 학생들의 인성이 좋아지지는 않는다. 인성은 오직 지속적인 관계 안에서만 배울 수 있다. 인간관계에서 정말 중요한 가치가 무엇인지, 그것을 지키기 위해 어떠한 태도를 보여야 하는지는 다양한 '관계' 속에서 오해와 갈등, 불편과 불만을 겪으며 이를 해결해 나가는 과정을 통해 배울 수 있다. 그러면서 공동체의 구성원으로서, 함께 좋은 관계를 맺으며 살아가기 위해 서로 무엇을 배려하고 이해해야 하는지 체득하게 된다. 이러한 배움은 관계를 단절시키는 규칙, 문제의 본질을 외면하는 규칙으로는 절대로 실현시킬 수 없다.

학교 규칙의 근본적인 존재 이유

학교는 사람들이 주체적으로 선택해서 가는 곳이 아니라, 사회에서 살아가기 위해 반의무적으로 거쳐 가는 곳이다. 그래서 매우 다양한 사람들이 모여 있다. 그 안에서 아이들은 작은 사회를 경험하며 다양한 관계 맺기를 통해 세상과 소통하는 법을 배워 나간다. 우리는 어쩌면 이러한 과정을 규칙에만 일임한 나머지, 잘못된 규칙으로 관계가 깨어지고 있는 현실을 눈감고 있었는지도 모른다. 그러나 '규칙'은 어디까지나 '관계'라는 본질을 돕는 비본질적 도구이다. 그러는 동안 '관계'라는 본질보다 '규칙'이라는 비본질이 더 중요해졌고, '관계'를 포기하고 '규칙'을 지키는 상황에 이르렀다.

이제 '공동체'라는 말은 아이들에게 너무 진부하게 느껴져 더 이상 설득력을 갖지 못한다고 한다. 그렇다면 우리는 아이들을 설득할 새로운 말을 찾아낼 것이 아니라, 공동체라는 말이 왜 진부해졌는지부터 다시 생각해야 한다. 공동체라는 말이 모든 이들을 위한 최상의 관계가 아니라, 누군가의 희생과 소외 그리고 관계의 단절을 이야기하고 있는 게 아닌지 말이다. 우리는 다시 질문을 던져야 한다. 학교생활을 통해 아이들은 다른 사람과 어울려 사는 법을 배워 가고 있는지, 학교 규칙은 이러한 과정에서 '관계'라는 본질을 돕는 도구로서의 역할을 충실히 하고 있는지 말이다.

청소년에 대한 사회적 편견

규칙을 어긴 아이들의 입장

한 학교에서 벌점이 쌓인 아이들을 대상으로 외부 강사를 초빙하여 교육을 진행한 적이 있다. 교육 내용은 '진로'였지만, 아이들은 암묵적으로 자신들이 벌을 받고 있다는 것을 알고 있었다. 서로 눈을 마주치지도 않고 대화를 잘 나누지도 않던 아이들이었는데, 쉬는 시간에 한 아이가 다음과 같은 말을 꺼내자 교실 안에 작은 소란이 일어났다.

"아, 나는 진짜 억울해. 교복이 작아서 불편하단 말이야. 그래서 체육 시간 끝나고 교복으로 안 갈아입고 계속 체육복 입고 있다가 걸린 거잖아. 체육복도 학교 옷인데 왜 못 입게 하는 거야? 그리고 꼭 내가 입고 있을 때만 검사해."

이 학교는 체육 시간 전후로 한 시간 동안만 체육복이 허용되고, 그 이후에도 계속해서 입고 있으면(입고 있는 것을 걸리면) 벌점 처리가 된다. 이 이야기를 시작으로 아이들은 온갖 말과 눈빛과 표정으로 자신들이 얼마나 억울한지 토로하기 시작했다. 누가 더 억울한지 겨루는 대회라도 나온 듯이 말이다. 아이들의 이야기에는 다음의 세 가지 생각이 공통적으로 담겨 있었다.

첫째, 나는 다 이유가 있었다.

둘째, 왜 나만 걸리는지 모르겠다.

셋째, 이 규칙은 동의할 수 없다.

첫 번째의 경우처럼, 보통 아이들이 "이유가 있다"고 말할 때는 "규칙을 지키려고 했지만 자신이 처한 상황에서 어쩔 수 없이 그렇게 된 것"이라는 '억울함'이 담겨 있다. 예컨대, 교복이 작은데 비싼 교복을 다시 맞추기는 어렵고 작은 교복을 입기에는 불편해서 체육복을 입은 것인데, 그때마다 매번 걸리는 것이다. 체육복을 입고 있을 때마다 아이는 아마 최선을 다해 걸리지 않으려고 이리저리 살피고 누가 교실에 들어올 때마다 긴장했을 것이다. 이처럼 조금만 상황이 바뀌어도 규칙을 지킬 수 없게 만드는 환경은 아이들을 움츠러들게 한다. 학교 규칙을 만들고 운영할 때 해당 규칙이 무엇을 위해 존재하는지 수시로 점검해야 하는 것도 이러한 이유 때문이다. 그리고 똑같은 규칙을 반복적으로 어기는 아이가 있다면 왜 그러한 일이 생기는지 자세히 살펴볼 필요가 있다. 그렇지 않으면 계속해서 '억울한 아이들'만 생겨나게 된다.

두 번째의 경우처럼, 규칙을 위반한 아이들 중 대다수가 "왜 나만 걸리는지 모르겠다"며 공정성에 대한 문제 제기를 한다. 그러나 규칙을 어기는 모든 아이들을 잡아내는 것으로 공정성을 기할 수는 없다. '누구는 걸리고, 누구는 걸리지 않고'는 규칙이 존재하는 한 계속될 것이다. 여기서 강조하고 싶은 것은, 규칙은 아이들을 괴롭히고 잡아내기 위해서 만든 게 아니라는 것이다. 학교 구성원 간에 서로 좋은 관계를 맺고 공동생활을 해 나가기 위해 규칙을 만들었다면, 다 함께 지켜 나가자는 문화를 만들 필요가 있다. 이를 위해서는 학생들이 수동적으로 따르는 학교 규칙이 아니라, 학생들이 적극적으로 지킬 수 있는 학교 규칙이 만들어져야 한다.

세 번째의 경우처럼, 아이들이 "동의할 수 없다"고 말하는 규칙은 대개 문제가 있는 규칙일 가능성이 높다. 그러나 동의할 수 없다고 외친다고 해서 규칙이 바뀌거나 사라지지는 않는다. 규칙에 동의할 수 있는 가장 좋은 방법은 규칙을 만드는 데 동참하는 것밖에 없다. 학생들이 직접 우리에게 '필요'하다고 생각해서 '합의'해 낸 규칙을 '주도'적으로 만드는 것이다. 기존의 규칙은 물론이고 새로운 규칙까지 말이다. 어떤 규칙이 필요하고 어떤 규칙이 불필요한지는, 학교 구성원의 대다수를 차지하고 학교 규칙의 적용을 가장 많이 받는 아이들이 가장 잘 알 것이다. 아이들이 무조건 규칙을 없애고 자유만 추구할 것 같은가? 학생 자치와 학생 회의를 조금이라도 지켜본 사람이라면 그렇지 않다는 것을 알 수 있다. 학생들 스스로 자신들에게 필요한 규칙을 만들어 나갈 수 있도록 동참시키는 것이 학생들의 동의를 이끌어 낼 수 있는 가장 좋은 방법이다.

시행착오를 할 권리

학생들 스스로 자신들에게 필요하다고 생각되는 규칙과 약속들을 만들어 나가는 것이 가장 이상적이라는 사실에는 다들 동의할 것이다. 그리고 이러한 경험과 과정은 훗날 아이들이 사회인으로서 살아가는 데 큰 도움이 될 것이다. 그런데 왜 학교 현장에서는 이러한 과정이 이루어지지 않고 있을까? 그것은 학교는 물론 사회 전반적으로 청소년에 대한 편견이 크게 작동하고 있기 때문이다.

어쩌면 우리는 애초에 아이들에게 규칙을 맡길 생각조차 해 보지 않았는지도 모르겠다. 청소년들은 어리고 미성숙해서 이러한 것들을 제대로 해낼 수 없으리라고 생각하고, 그런 것들은 성숙한 어른들이 만들어 주어야 한다고 생각했는지도 모른다. 그렇기 때문에 학생인권조례 등을 통해 학생 인권을 강조하고 있는 지금도 학생 인권 보장을 위한 규칙 완화 단계를 넘어, 규칙 자체를 학생들에게 맡

기고 자신들의 일상과 공동체를 주도적으로 이끌어 나가는 단계에
는 이르지 못하고 있는 것이다.

　그러다 보니 학생 자치는 늘 같은 말을 되풀이하거나, 학교의 단
단한 벽에 가로막혀 바뀌지 않을 건의를 지속하거나, 적당히 모양을
갖추는 선에 머물고 있다. 그러나 여기서 더 나아가 학생들에게 주
도권을 주었을 때, 더 많은 자율적인 약속과 의미를 찾아갈 수 있다
는 것을 여러 혁신학교에서 이미 증명하고 있다.

　여기에서 한 가지 질문을 하고 싶다. 그렇다면 성숙한 어른들은
과연 완벽한 규칙을 만들어 제대로 지키고 있을까? 어른들 역시 수
많은 시행착오를 거쳐 규칙을 만들고 수정하고 폐기하는 과정을 반
복한다. 그리고 이러한 과정을 통해 사회 구성원들의 다양한 욕구와
상황에 대한 이해의 폭을 넓혀 나간다.

　아이들도 마찬가지다. 어른들이 그러한 것처럼 아이들도 시행착
오를 거쳐 규칙을 만들고 수정하고 폐기하는 과정을 경험할 필요가
있다. 마찬가지로 이러한 과정을 통해 학생과 교사, 학부모 등 학교
구성원들의 다양한 욕구와 상황에 대한 이해의 폭을 넓히고 이들과
소통하는 법을 배워 나갈 권리가 있다. 그러나 아직까지 우리 사회
는 청소년을 미성숙하고 가르쳐야 할 대상으로만 보고 있다.

청소년에 대한 우리 사회의 오해

　우리나라에서는 청소년의 나이를 만 9세부터 만 24세까지로 규정하고 있다. 대부분의 청소년은 이 시기에 학교를 다니고 있다. 그래서 우리 사회에서 청소년과 학생은 거의 동의어로 사용되고 있고, 학교에 다니는 학생이 아닌 청소년은 애매한 신분이 되어 버린다. 영화관 할인을 받기 위해 청소년증이 아닌 학생증을 제시해야 하며, 청소년증이 있다는 사실 자체를 모르는 사람이 많다는 것이 이러한 현실을 보여 준다. 현재 매년 정규학교를 그만두는 학교 밖 청소년은 약 5만 명으로 집계되고 있으며, 누적인원은 38만 명이라고 한다. 이들은 정규학교를 벗어나 스스로 자신의 인생 여정을 선택하여 대안학교나 검정고시를 통해 학업을 이어가고 있다.

　그러나 학교 밖 청소년들에 대한 사회적 편견은 엄청나다. 서울시에서 학교 밖 청소년들에게 매월 20만원씩 교육비를 지원하겠다는 정책을 발표했을 때 엄청난 반발이 일어났다. 그 돈으로 술 마시고 담배 피우고 PC방에 갈 거라는 이유에서였다. 그때 학교 밖 청소년들은 자신들이 얼마나 심각한 사회적 편견과 마주하고 있는지 확인하게 됐다며, 억울하지만 말할 수 없는 자신들의 입장을 속으로 삭여야 했다.

　이처럼 우리 사회는 청소년이라는 성장의 시기를 '학생'과 '학교 밖 청소년', '모범생'과 '문제아', '성적이 높은 학생'과 '성적이 낮은 학생' 등 온갖 기준과 규정으로 분리해서 상처를 준다. 그리고 청소년들을 '학생다움'이라는 모호한 틀로 통제하고 있다. 우리 사회는 청소년들에게 "어른이 되기 위해 준비해야 하는 시기"라는 말로 많은 것들을 기꺼이 포기하게 하지만, 정작 어른이 되기 위해 정말 필요한 '관계'에 대한 교육은 소홀히 하고 있다. 학교 부적응이라는 딱지를 붙여 아이들을 학교에서 내몰고, 사회 부적응을 유발하는 환경을 그대로 유지하고 있다.

청소년 시기를 '병'이라는 이름을 붙여 부르는 사회에서 어른들은 그들이 만든 규칙과 사회적 선입견으로 아이들을 옭아매며 점점 더 아이들을 '병'으로 내몰고 있다.

흔히 청소년기를 반항의 시기라고 부르는데, 사실 '반항'은 어른들이 쓰는 용어이다. 아이들은 자신의 말과 행동을 반항이 아니라 자신의 의견이라고 생각한다. 그러나 아이들은 자신의 의견은 항상 반항으로 치부되고, 어른들이 만든 규정을 잘 따르지 않으면 학교 밖 청소년이 되어야 하는 시대에 살고 있다. 이제는 그들을 통제해야 할 대상이 아닌 동행하는 존재로 바라봐야 한다. 그래야 학교에서든 학교 밖에서든 아이들이 자신들의 생활과 문화의 주인이 될 수 있다.

규칙 대신
일상 매너로

매너가 사람을 만든다

아이들과 생활하면서 알게 된 사실 중 하나는 아이들이 '매너'라는 말을 좋아한다는 것이다. "시간 매너 지키기", "휴대폰은 매너 있게 관리하기", "옆 친구한테 매너 있게 대하기" 등 매너라는 말을 쓰면 분위기도 좋고 규칙도 더 잘 지키는 모습을 보인다.

매너는 '행동하는 방식이나 자세'라는 뜻을 가지고 있으며, 태도, 예의, 예절이라는 말로 순화하여 사용할 수 있다. 그러나 아이들에게 태도나 예의라는 용어가 주는 느낌보다는 매너라는 용어가 더 설득력이 있기에 이 책에서는 '매너'라는 말을 사용하기로 한다. 매너라는 말에는 상대방을 배려한다는 의미가 더해져 내가 지금 하는 행동이 다른 사람에게 어떠한 영향을 미치는지 생각해 보게 한다.

'잔디밭에 들어가지 마시오'가 규칙이라면, '잔디를 보호하자'는 매너이다. 하지만 용어는 이러한 사전적 의미만으로 힘을 발휘하는 것이 아니다. 아이들에게 매너라는 말은 어떻게 들릴까? 규칙이라는 말은 강제적으로 또는 의무적으로 따르는 행동이라는 느낌을 주지만, 매너라는 말은 좀 더 자기 선택적이며 멋있는 사람이 상대방을 배려하기 위해 하는 행동이라는 느낌을 준다. 영화 〈킹스맨〉에 나오는 "매너가 사람을 만든다."라는 대사가 한때 유행했던 것처럼 매너는 멋있는 사람이 갖춰야 할 상징처럼 느껴지는 듯하다.

아이들이 수업 시간에 시끄럽게 떠들 때 "수업 시간에는 조용히 해야지. 누가 이렇게 떠들어?"라고 말하는 대신 "수업 시간 매너를 지키자."라고 말하면 다른 사람을 존중하고 배려하기 위해 스스로 선택할 수 있는 행동이 무엇인지 생각하게 만든다. 그것은 곧 이야기하는 것을 멈추는 것이고, 그 행동은 자신이 선택한 것이므로 자발성을 갖게 된다. 사회심리학에 의하면, 사람들은 누가 시켜서 할 때는 스스로 자아를 작게 인식하고, 남을 돕거나 배려할 때는 스스로 자아를 크게 인식한다고 한다.

실제로 한 대안학교에서 "욕하지 말자"라는 규칙을 오랫동안 유지하다가 "매너 있게 말하기"로 변경하게 되었다고 한다. 가장 큰 이유는 "욕하지 말자"라는 규칙이 잘 지켜지지 않았기 때문이다. 이 학교에 대표적인 규칙이 두 개 있었는데, 바로 "욕하지 말자"와 "때리려는 시늉을 하지 말자"였다. 늘 이 두 가지에서 아이들의 다툼이 시작되었기 때문이다. 그러나 두 가지 규칙 모두 잘 지켜지지 않았다. 아이들은 선생님이 보는 앞에서만 욕을 안 하거나, 선생님의 눈을 피해 입 모양으로만 욕을 하거나, 욕을 하는 아이를 선생님한테 이를 뿐이었다. 이 학교 선생님들은 "욕하지 말자"라는 말에 이미 부정적인 요소가 있음을 발견하고, 좀 더 긍정적인 표현으로 전환하는 의미에서 "욕하지 말자"라는 규칙을 "매너 있게 말하자"로 바꾸자는 제안을 했다. 결과는 놀라웠다. 아이들이 서로에게 입버릇처럼 '매너'라는 말을 하기 시작했고, 서로에게 욕하는 일이 줄어들었다. 문을 열고 나갈 때는 (매너 있게) 문을 잡아 주고, 옆 친구가 자기 자리가 좁다고 말하면 앉는 자세를 (매너 있게) 고쳐 주고, 수업 시간에 선생님의 얘기를 (매너 있게) 경청하려고 노력했다. 한 선생님은 들뜬 표정으로 자신이 발견한 아이들의 변화를 하나 이야기해 주었는데, 정수기에 물이 떨어질 때마다 늘 선생님한테 와서 "물 떨어졌다"며 불만 섞인 목소리로 이야기하던 아이들이 물통을 자발적으로 갈더라는 것이었다. 한 명이 물통을 드니까 다른 아이들이 옆에서 거드는 장면을 여러 번 봤다며 아이들의 변화에 놀라워했다.

매너의 주체성

규칙이 강제적 문화를 형성한다면, 매너는 자발적 문화를 형성

한다. 실제 교실에서 아이들에게 규칙이라는 용어보다 매너라는 용어를 사용하는 게 더 설득력을 발휘하는데, 그 이유는 다음과 같다.

첫째, 매너라는 용어가 주는 주체성 때문이다. 매너는 에티켓이라는 말과 달리, '꼭 지키지 않아도 되지만 서로를 위해 하면 더 좋은 것'이라는 뜻을 내포하고 있다. 한마디로 매너는 '없어도 되지만 있으면 더 좋은 것'이다. '내가 상대방을 위해 꼭 해야 할 의무는 없지만 기꺼이 하는 것'이라는 뜻에서 주체성과 자발성을 보여 준다. 규칙은 강제적인 느낌을 주기 때문에 규칙이라는 단어를 듣는 순간 부담과 피로도가 올라간다. 그러나 매너는 자기 자신을 괜찮은 사람으로 여기는 인식과 상대방을 배려함으로써 더욱 괜찮은 사람이 된 것 같은 기분이 합쳐져 주체적이고 긍정적인 느낌을 준다.

둘째, 매너라는 용어가 갖는 확장성 때문이다. 수업 시간에 떠들지 말자고 하면 떠드는 행위 자체에만 주목하게 된다. 이처럼 '수업 시간에 떠들지 말자'는 규칙이 떠드는 것은 나쁜 것이고 그래서 그 행위를 멈추는 것으로 해석된다면, '수업 시간에 매너를 지키자'는 규칙은 전체적인 수업 분위기와 함께 교실에 있는 교사와 학생 등 모두를 위해 내가 할 수 있는 일이 무엇인지 스스로 생각하고 행동할 수 있는 범위 자체를 확장시킨다. 이것은 주변을 둘러봐야만 가능하며, 상황을 인지해야 가능한 것이다.

고전평론가 고미숙은 《대안적 도덕 교육》이라는 책을 통해 "어떻게 하면 인간을 도덕적인 인간이 되도록 할 수 있을까?"에 대한 고민을 이야기한다. 그는 도덕을 "나는 어떻게 살아야 하는가?"를 진지하게 고민하게 될 때 관계되는 인간적인 일이라고 말한다. 이 책에서 강조하고 있는 것이 바로 '체현의 도덕 교육'이다. 체현이란, 정신적인 것을 구체적인 형태나 행동으로 표현하거나 실현하는 것을 말하는데, 매너라는 말을 아주 잘 표현해 주고 있다. 다른 사람을 배려하고 함께 살아가는 의식이 의식으로만 그치는 것이 아니라, 세심하고 구체적인 행동으로 드러나는 것을 강조한 것이다. 곧 매너란, 나는 다른 사람과 어떻게 연결되어 살아갈 것인가에 대한 고민이 상식적으로 이어질 때 몸으로 드러나는 행위를 말한다.

매너를 발휘할 기회

경기도의 한 고등학교에 강의를 갔을 때의 일이다. 그날의 강의 주제가 인권 감수성 대토론회였는데, 고등학교 1·2학년 전체가 체육관에 모인 400여 명 규모의 대형 강의였다. 수백 명의 아이들이 그냥 모여 있어도 시끄러울 텐데, 토론을 위해 조별로 동그랗게 모여서 앉게 했으니 옆 사람과 이야기하기에 아주 좋은 조건이었고, 체육관은 이내 엄청난 소음으로 가득 찼다. 강의 시작을 위해 한 선생님이 마이크를 들고 아이들에게 강사 소개를 시작하려고 했다.

"이제부터 인권 감수성 대토론회를 시작할 겁니다. 여러분이 준비될 때까지 기다릴게요."

그러자 수백 명의 아이들 속에서 "시작한대", "조용히 하자", "앞에 봐" 하는 소리가 들리더니 순식간에 체육관이 고요해졌다. 선생님은 다시 마이크를 들고 강사 소개를 이어 나갔다.

"고마워요. 여러분이 이렇게 멋있는 모습을 보여 주는 게 늘 자랑스럽습니다. 오늘 강사님을 소개할게요."

실로 놀라운 광경이었다. 보통은 앞에서 선생님이 몇 번을 조용히 하라고 강조하고, 뒤쪽에서는 담임선생님들이 몇몇을 손으로 가리키며 다그치고, 애들끼리도 서로 "야, 조용히 해!" 하는 고성이 오고가다 겨우 잠잠해지면 강사 소개로 이어지는 모습을 보아 온 터라, 잠깐 동안에 이루어진 그 장면이 뇌리에 강하게 남아 있다.

단지 그 선생님의 카리스마 때문이었을까? 아이들이 모범적이어서였을까? 아니면 그동안 너무 억눌려 있어서 한마디만 해도 즉각적으로 말을 듣는 문화가 형성된 것일까? 그러나 현장에서 받은 인상은 전혀 그런 것이 아니었다. 그리고 어쩌다 그때에만 일어난 일도 아닌 듯했다. 그동안도 늘 그렇게 해 왔고, 서로 약속되어 왔고 서로 믿어 왔던 결과라고 생각한다. 조용히 하라는 말을 하지 않아도 집중해 줄 것을 아니까 말없이 기다려 주고, 우리가 조용해질 거라고 믿고 기다려 주고 있으니 이내 조용해지는 암묵적인 약속의 이행. 이러한 상황에서 어떻게 하는 것이 매너 있는 모습인지, 매너라는 용어를 사용하지 않았지만 교사와 학생 모두 알고 있는 것이다.

규칙은 행동 하나를 지정하지만, 매너는 더 많은 것들을 포함한다. 때와 장소, 표정과 말씨, 자세와 태도, 서로를 위해 가장 좋은 것을 선택하기, 그것을 선택하는 자신이 더 멋진 사람으로 느껴지는 것 등이다. 규칙이라서 수동적으로 따르는 차원이 아닌, 매너 있는 사람으로서 능동적인 행동으로 상황을 배려하는 것이다.

어쩌면 우리는 그동안 아이들에게 충분한 기회를 주지 않았는지도 모른다. 자신과 타인을 위해 가장 좋은 것을 생각할 기회 말이다. "이게 바로 좋은 거야"라며 규칙을 정해서 지키라고 하고, 도덕 교육은 교과 수업으로만 접하게 한 것은 아닐까? 아이들 역시 누군가에게 호감을 얻고 싶어 하고 좋은 사람이 되고 싶어 한다. 학생이라서 지켜야 할 것이 아니라, 이 사회의 일원으로서 자신이 해야 할 일을 고민하게 하고 그것을 몸으로 터득할 수 있도록 시간을 주는 것이 필요하다. 이때 우리 어른들의 역할은 지키는지 안 지키는지 감시하고 체크하는 것이 아니라, 믿고 기다려 주는 것이 아닐까?

함께 저항할 수 있는 힘을
경험하는 것

우리가 돌보지 않았던 비학습적인 학습

규칙을 어긴다는 건, 무언가 문제가 생겼다는 것이다. 앞뒤의 맥락이라는 것이 분명 존재할 것이다. 학생 개인의 특성과 상황일 수도 있고, 규칙의 적합성 등이 원인일 수도 있다. 여기서 우리가 한 발짝 더 나아가 고민해야 할 것은, 문제가 더 이상 발생하지 않도록 만들기 위해 무엇을 하고 있는가이다. 규칙이 계속 늘어나는 이유는, 규칙 위반을 규칙으로 막으려고 하기 때문이다. 규칙을 어기는 문제가 발생했을 때, 그 규칙을 어기는 일을 막기 위해 또다시 새로운 규칙을 만들고, 그 규칙이 또다시 문제가 되면, 다른 규칙을 세워 문제를 막으려고 시도한다. 그러다 보니 처음 목적은 사라지고, 규칙만 남게 된다.

사람과 사람의 관계는 규칙으로 이어지는 것이 아니라 의식으로 이어진다. 규칙은 사람과 사람의 관계를 잇는 쪽보다는 분리하는 쪽으로 더 힘을 발휘한다는 것을 앞에서 충분히 살펴보았고, 교육 현장에 있는 사람들 대부분 이에 동의할 것이다. 그렇다면 '의식은 어떻게 확장되는가?'라는 질문을 같이 살펴보자. 규칙이 교사의 영역으로만 분류되는 것에 우리는 의문을 가져야 한다. 교사는 규칙을 일방적으로 적용하고 감시하는 역할, 학생은 규칙을 수동적으로 적용당하고 통제받는 역할에서 해제되면 어떠한 일이 일어날까? 교사와 학생이 대립의 관계가 아니라, 동반의 관계로 바뀌는 생각의 전환은 가능할까?

교사 중심의 교육 현장은 학생들에게 학교의 요구에 부응하는 것만 강조하고 있다. '학생들이 요구에 따르거나, 따르지 않거나'의 결과로서만 학생들을 평가하고 분류하고 있다. 능동적이고 주체적인 성장을 돕기 위해 존재하는 교사의 역할이 오히려 그 반대를 지향하고 있는 것이다. 이는 학교 현장에서 규칙이 적용되고 있는 방식이 너무 단순하고 일방적이며, 일어난 상황 즉 결과 중심으로 이어져 온 결과로 볼 수 있다.

그러면서 우리는 학습의 영역이 아닌 곳에서 이루어지는 학습을 무시하고 있다. 수업 시간에 교과 수업을 통해 얻어지는 지식 외에, 학교생활과 선생님과의 관계 그리고 친구들과의 관계를 통해 학습되는 영역이 있다는 것을 알고 있을 것이다. 그러나 그 경로를 통해 학습되는 내용이 무엇인지 교과 내용처럼 충분히 검토되지 않고 있다는 사실을 직면해야 한다.

미국의 교육사회학자 알피 콘은 자신의 저서《경쟁에 반대한다》(민들레)에서 다음과 같이 말했다.

> "아이들에게 가치관을 심어 주기 위해 심각한 도덕 강의를 할 필요는 없다. 무엇인가를 가르칠 때 무슨 이야기를 선택해서 해 줄지, 어떠한 사람에 대해 설명할 때 목소리 톤을 어떻게 할지, 수업 시간에 발언을 하거나 화장실을 가고 싶으면 손을 들어야 하며, 교실 벽에는 무엇을 붙이고, 그것을 누가 결정하는지, 그리고 아이들의 성정은 어떻게 (그리고 어떠한 목적으로) 평가되는지 등등 학교의 수많은 일상들이 우리가 깨닫든 깨닫지 못하든, 이미 가치관을 내포하고 있다."

우리는 그동안 규칙을 통해 사회성을 가르치고, 공동체 생활의 의미를 깨닫게 하며, 세상을 살아가는 데 있어서 꼭 필요한 예의를 체득하게 한다고 말해 왔다. 그러나 그것들은 지금까지 통제하는 사람의 편의를 위해 작동해 왔고, 능동적이고 다양하며 창의적인 교육 지향점과는 전혀 다른 방향으로 이어져 왔으며, 그것에 모두가 눈을 감았다. 적극적으로 고개를 끄덕이지는 않았지만, 적극적으로 고개를 가로젓지도 않은 채 끝내 보지 않으려고 했던 것들을 이제는 보아야 한다.

저항의 힘으로의 초대

그렇다면 본질에 가까운 규칙, 관계를 잇는 규칙은 가능할까? 도대체 어디서부터 어떻게 시작해야 할지 엄두가 나질 않는다. 이럴 때 기존의 것을 고수하면 편하겠지만, 그 편함이 가장 수준 낮은 결과로 이어진다는 것을 우리는 많은 경험을 통해 알고 있다.

가장 먼저 제안하고 싶은 것은, 학생들을 이 고민의 자리로 초대하자는 것이다. 학교의 주인이자 주체로 불리고 있지만, 실제로 아이들이 그 권리와 지위 그리고 의무를 누리고 있다고 말할 수 있을까? 수업 시간에는 학생들이 자신의 생각을 다양하게 표현하는 것을 권장하고 있지만, 학교생활과 인간관계 그리고 그들 자신에게 부여되고 있는 규칙에 있어 학생들의 생각은 철저히 배제되어 있다. 권리는 없고, 의무만 강조되는 상황에서 필요했던 것이 학생 인권이었다. 학생인권조례의 등장은 우리가 학생들을 얼마나 위하는지를 보여 주는 게 아니라, 우리가 그동안 학생 인권을 얼마나 무시했는지를 보여 준다. 지금 교육 현장에서 벌어지는 학생인권조례와 규칙의 충돌, 그리고 학생 인권과 교권의 충돌, 학생의 자유와 학습권의 충돌은 모두 이러한 역사를 바탕으로 하고 있다. 이제 아이들에게 '의무 따로, 권리 따로'가 아닌 스스로 의무와 권리를 숙고할 수 있는 기회를 주어야 한다. 어떤 그럴싸한 규칙도 교사가 중심이 된다면, 아이들이 직접 고민해 볼 수 있는 기회를 침범하게 될 것이다.

학급 경영, 학급 운영이라는 용어 자체가 이미 학급이라는 것을 학생들의 공간이 아닌 교사의 공간으로 여기고 있다는 것을 암시한다. 현재 이 용어를 학급 자치, 학생 자치라는 용어로 사용하는 노력이 이어지고 있다는 것은 매우 고무적이다.

그렇다고 지금 당장 모든 것을 다 제로 상태로 만들었다가 아이들에게 새로 설계하게 하자는 것이 아니다. 기존의 규칙을 아이들이 숙고하고 수정하는 과정에서 자신들이 어떠한 것을 추구해야 하는지 고민할 수 있는 기회를 갖게 하자는 것이다. 나는 이것을 '저항의 힘'이라고 표현하고 싶다. 이 책에서 제안하는 저항이라는 말은 '생각의 기회'라는 의미에 좀 더 가깝지만, 이미 정해져 있는 것과 마주할 수 있는 힘을 기르자는 뜻에서 저항이라는 용어를 사용했다. 우리가 어른으로서 다음 세대에게 물려주고 싶은 것은, 세상에 순응하며 기존의 것을 기계적으로 답습하는 태도가 아니라 기존의 것에 가려진 본질을 찾아낼 수 있는 힘이다. 우리는 흔히 아이들에게 '반항' 하지 말라고 말한다. 이전에 우리가 어른들에게 '반항'하지 말아야 한다고 배웠기 때문이다. 그러나 아이들은 지금 자신이 하고 있는 말과 행동을 반항이라고 생각하지 않는다. 그냥 자신의 의견을 표현하는 것이라고 생각한다. 그런데 이처럼 자신의 의견을 표현하는 것이 어른들의 반항이라는 용어 앞에서 늘 좌절된다. 어른들은 반항이라는 용어로 저항 에너지를 억누름으로써 더 이상 의견이 나오지 않도록 막는다.

아이들은 자신의 이야기를 들어 주지 않는 어른들과는 더 이상 대화가 되지 않는다며 의견을 말하기를 포기하고, 이러한 포기와 체념이 반감이 되어 날 선 눈빛과 거친 태도로 표현된다. 어른들은 어른들대로 이것이 요즘 청소년의 문제라고 치부하며 둘 사이는 단절의 끝자락에 도착한다.

그동안 어른들이 이름 붙이고 겁내던 반항을 제대로 모양이 갖춰진 생각, 즉 저항의 힘으로 환원시키는 일은 우리와 함께 걸어갈 동반자를 늘리고 같은 편을 만드는 일이 될 것이다.

규칙을 성찰하는 규칙을 갖는 것

생각의 기회를 갖는 의미로서 저항의 힘을 기르기 위해 선행되어야 할 것은, 아이들이 먼저 자신을 돌아볼 수 있는 시간을 갖게 하는 것이다. 자기 자신이 가장 원하는 자신의 모습과 친구와의 관계, 선생님과의 관계 그리고 원하는 모습의 학교생활이 무엇인지 고민할 수 있어야 한다. 아이들 중 누구도 폭력적이고 서로를 끊임없이 경계하며 제멋대로 구는 모습을 원하지 않는다. 아이들이 원하는 것이야말로 평화로우며 우정에 기인한 좋은 관계다. 이를 위해 필요한 의식과 제도를 스스로 고민해 볼 수 있게 하는 것이다. 그러면서 동시에 기존의 규칙들이 만들어 내는 마찰과 불편을 어떠한 방향으로 해결해 나갈 것인지 함께 이야기해야 한다. 어떠한 규칙은 나에게는 불편하지만, 다른 사람에게는 꼭 필요한 것일 수 있다. 이처럼 우리에게는 서로를 살필 시간이 필요하다. 다른 사람이 어떻게 느끼고 있는지를 아는 것, 불편한 소수를 위해 변호할 수 있는 용기와 스스로의 의무를 되새겨 볼 수 있는 성찰의 시간 등이 필요하다.

그리고 이 모든 것이 단기간에 만들어 낼 결과물이 되지 말아야 한다. 이 과정에서 교사를 비롯한 어른들의 역할은 애매한 시간이 결국 좋은 것으로 이어질 것이라는 경험자로서의 격려와 아이들이 간과하는 부분에 대해 조언해 주는 것으로 충분하다. 그 과정이 아이들에게 얼마나 큰 배움과 경험인지 알려 주고 기다려 주는 다정한 조언자, 바로 그것이다. 그동안 아이들에게 고민의 영역을 넘겨주지 않은 것은 아이들의 본질에 대해 신뢰하지 못한 데서 비롯된 것이다. 아이들은 가장 좋은 결과물을 도출하지 못할 것이고, 이런 고민을 원하지도 않으며, 성숙한 생각을 하지 못할 것이라는 부정적인 신념에서 비롯되었다. 우리는 아이들에게 시행착오의 과정을 통해 자신의 삶과 공동체의 주인이 되어 가는 경험을 제공함으로써 위와 같은 신념들이 옳지 않았음을 확인하게 될 것이다. 아이들은 자신들의 고민을 이어가는 과정에서, 우리가 그러했듯이, 비난과 비판을 헷갈려 할 것이다. 그러면서 동시에 무비판적인 모습을 취하기도 할 것이다. 비난과 비판의 차이를 구분하고, 무비판이야말로 가장 취약한 결과로 이어진다는 것을 알아차리기 위해서는 이러한 과정이 생활이 되어야 한다. 시행착오가 생활이 되고, 고민이 생활이 되어야 한다. 어쩌면 아이들이 규칙을 만들고 무너뜨리고 또다시 만드는 과정 자체가 가장 이상적인 모습일지 모른다. 어른들은 그 과정에서 그동안의 접근 방법이 비판받는 희열을 만끽하길 바란다.

'어떻게'의 처방이 아닌, 성찰의 시간을 어른들과 아이들이 함께 공유하는 것, 그것만이 규칙이 되기를 희망한다.

가장 이상적인 시간,
'시간이 오래 걸리더라도'

존재를 환대하는 시간

가끔 SNS에 공유되는 외국 학교의 아침 인사 동영상을 보게 된다. 아마 페이스북이나 유튜브 등을 통해 이 동영상을 한 번쯤은 봤을 것이라고 짐작한다. 이 동영상이 찍힌 장소는 학교의 교실 입구다. 교실 앞에 선생님으로 보이는 어른이 서 있고, 교실 문 옆 벽에는 네 가지 정도의 그림이 그려져 있다. 그 그림들이 표시하는 것은 손이 마주치는 그림, 하트 그림, 두 손이 뭔가 동작을 하는 듯한 그림, 음표 그림이다. 아이들이 줄을 서 있고, 선생님 앞에서 자기 차례가 되면, 네 가지 그림 중 하나를 터치하고 선생님과 그 그림에 해당되는 인사를 나누고 교실로 들어가는 영상이다.

하트 그림을 선택하면 선생님과 포옹을 하고, 마주치는 손 그림을 선택하면 선생님과 두 손을 활짝 들어 하이파이브를 하고, 두 손으로 동작을 하는 그림을 선택하면 선생님과 약속된 손동작을 스웨그 있게 맞춰서 한다(이것은 래퍼들이 주로 하는 동작과 비슷하다). 음표 그림을 선택하면 둘은 마주보고 몸을 흔들며 춤을 춘다(이 동작에서 아이들이 가장 많이 웃는다). 선생님은 아이 한 명 한 명과 눈을 마주치며 아이가 선택한 인사를 아주 밝은 표정으로 함께한다. 선생님의 눈빛과 표정에는 환대의 느낌이 가득하고 아이들의 눈빛과 표정에는 웃음이 가득하다. 뒤에서 기다리는 아이들은 분명, 앞에서 인사를 나누고 있는 아이들의 모습을 보면서 깔깔 웃기도 하고, 자신은 무엇을 할까 고민하다가 앞사람과는 다른 걸 선택하거나, 앞사람을 따라 하는 등의 선택을 할 것이다. 이 교실에서는 이러한 풍경이 매일 펼쳐진다.

불과 3분도 채 되지 않는 짧은 장면이라 지극히 이상적으로 보이는 것도 사실이다. 이것을 매일 해도 서로 지겹지 않으면서 영혼 가득하게 인사를 나눌 수 있을까? 그러나 이 질문에 나는 '그렇다'라고 대답하고 싶다. 선생님은 나를 환대하고 있으며, 매일 자신에게 선택할 수 있는 기회가 주어지며, 어제의 환대와 선택이 이루어 낸 일상이 계속해서 이어지는 또 하루의 시작일 테니까 말이다. 이 인사 장면은 "오늘 하루도 우리 잘 지내보자. 우리는 그러기 위해 오늘도 만난 거야."라는 결심이자 의식처럼 느껴진다.

이 영상을 보면서 함께 주목하고 싶은 것은 우리가 그동안 생략했지만 실은 더욱 할애했어야 할 '시간'에 대한 것이었다. 함께하는 사람들을 환대하고, 별일 없는지 묻고, 표정을 보고, 눈빛을 마주하는 것의 총체적 합이라고 할 수 있는 인사가 우리의 생활 안에서는 어떻게 이루어지고 있는가 하는 것이다. 내가 학교에 다닐 때는 복도에서 선생님과 마주치면 꼭 인사를 해야 했다. 만약 인사를 하지 않으면 그 자리에서 선생님의 호출을 받고 인사를 하지 않았다는 이유로 손바닥 한 대를 맞았다. (선생님들은 늘 때릴 도구를 철저히 지참하고 다녔다.) 그래서 복도에서 만나는 누구라도 아는 사람이든 모르는 사람이든 인사를 했고, 그것이 문화가 되어 외부에서 손님이 오면, 이 학교 학생들은 교육이 잘되어 인사를 잘한다는 칭찬을 들었다. 얼핏 들으면 좋은 사례 같지만, 여기에는 무언가 생략된 것이 있다. 인사가 사람과 사람이 만나서 이루어지는 반가움의 표시이자 예의를 표하는 행동이라면, 행동이라는 규칙만 남고 반가움과 예의는 강조된 행동의 크기보다 훨씬 작게 느껴진다.

다들 그런 경험이 있을 것이다. 자신을 보고 반가워서 큰 소리로 부르면서 달려와서 인사하는 누군가를 마주할 때의 기쁨 말이다. 인사는 존재에 대한 환대이다. 집이든 학교든 그 어디에서든 존재를 환대하는 일이 가장 중요하지 않을까? 그러나 우리에게는 인사보다 더 바쁜 것들이 많다. 아이들이 선생님과 나누고 싶은 인사를 선택하고 그것을 맞춰서 해 줄 시간도 마음의 여력도 없다. 만약 학교에서 그것을 하라고 한다면, 그것까지 해야 한다는 것이 부담으로 다가올지도 모른다. 복도에서 목례 정도로 인사를 마치고, 친한 사람들끼리만 서로를 반기고, 교실에서는 단체로 구령에 맞추어 인사하는 것이 가장 효율적이고 가성비가 좋을 것이다(지금은 많이 줄어들고 있다고 하지만, 아직도 "차렷, 경례"로 인사를 하는 경우가 많다고 한다). 그렇지만 여기에서 우리 모두가 발견할 수 있는 것은 인사하기라는 규칙으로는 존재에 대한 환대를 나타내기 어렵다는 것이다. 우리가 나눌 인사는 서로에 대한 반가움과, 전날의 껄끄러움의 해소와, 함께한다는 느낌과, 학교라는 공간으로 들어갈 때의 안도감을 느끼게 할 수 있는 가장 좋은 것이어야 한다. 인사를 앞서 이야기한 영상처럼 하자는 이야기가 아니다. 학교에서 일어나는 수많은 장면에서 생략된 의미를 찾는 것에 더 시간을 할애하자는 이야기를 나누고 싶은 것이다. 바쁘다고 혹은 효율적으로 한다고 생략한 시간을 돌아보자는 것이다. 우리가 무시한 시간 속에 아이들이 느껴야 할 존재감이나 애정이 같이 무시된 것은 아닌지 말이다.

가장 오래 걸리는 시간이 가장 효율적인 시간이다

미리 정해져 있는 규칙을 적용하고, 규칙을 따르고, 정해진 규칙에 의해 행동을 규제하는 일이 편리하고 효율적일 수 있다. 기존에 하던 것을 하면 빠르고 간단하다. 규칙에 맞는 것은 칭찬하고, 어긋난 것은 벌을 주면 된다. 정해진 대로만 하는 것이 가장 편리하고 고민할 필요도 없다. 그러나 우리는 이 과정에서 오히려 더 긴 시간을 필요로 하는 것들을 발견했으며, 이로 인해 감당해야 할 일들이 더 많아졌다는 것을 안다. 학교 구성원 간에 마찰과 갈등은 끊임이 없으며, 관계 회복을 위한 시간과 프로그램이 필요해졌고, 학생 인권과 교권의 충돌 사이에서 누구도 유쾌한 승자는 없으며, 아이들의 감성은 존중되지 않아 더없이 피폐해진 상황이다. 그리고 이미 정해진 규칙으로 모든 것을 해결한다는 것은 결국 교사가 배제되고 있다는 뜻이다. 교사는 고민하는 사람이다. "요즘 애들은 왜 저러지?"라고 한탄하는 게 아니라, 이러한 현상이 왜 나타났으며, 이러한 현상이 왜 반복되는지 묻는 사람이다. 그리고 교육을 위해 가장 좋은 것이 무엇인지를 고민하는 사람이다. 그래서 이 책은 규칙에 대한 이야기인 동시에 우리가 다시 시작해야 할 고민에 대한 이야기라고 할 수 있다.

한 선생님이 고백하기를, 자신은 부드러운 선생님이 되고 싶었다고 한다. 아이들을 향해 늘 환하게 웃어 주고, 학창 시절에 자신이 겪었던 이해되지 않는 것들을 아이들에게 절대로 하지 않겠다고 결심했다고 한다. 그런데 발령을 받고 시간이 흘러 어느 날 정신을 차려보니, 자신이 가장 날카로운 사람이 되어 있더라는 것이다. 그래서 자신이 사실은 얼마나 부드러운 사람인지 아이들도 모르고 자신도 잊어버렸다고 말이다. 교육 현장에서 만나는 선생님들마다 시간이 지날수록 예민하고 날카로운 성정만 발달하고 부드럽고 따뜻한

싱정이 **퇴화된나고** 하소연한다. 부모들도 마찬가지다. 아이를 키울수록 사랑을 표현하는 순간보다 지적하는 순간이 많아진다. 결국 선생님과 부모님의 눈은 당장 레이저가 나와도 이상할 것이 없는, 아이들의 잘못을 기가 막히게 발견하는 눈으로 최적화된다.

규칙이 필요 없다는 말을 하려는 것이 아니다. 다만, 규칙은 도구에 불과할 뿐이라는 인식과, 규칙만으로 문제를 해결했을 때 문제가 오히려 커진다는 사실을 직면할 필요가 있다. 선생님과 부모님 역시 상황을 판단하고 처벌하는 판사의 역할이 아니라, 아이들 스스로 가장 원하는 것을 찾아갈 수 있도록 돕는 조력자의 역할로 전환해야한다. 규칙이 아니라 조화를 위한 저항과 성찰의 기회를 보장하는 조력자의 역할 말이다.

그동안 아이들에게 규칙적이고 일관적이고 통일적인 모습을 강조해 왔다면, 이제는 다양하고 서로 다른 것이 어울리는 조화의 모습을 경험하게 해야 한다. 서로 다른 생각들이 얽히는 조화, 서로 다른 것들이 어울려 사는 자연스러운 모습을 상상해야 하고, 그 상상은 현실이 되어야 한다.

학교 규칙은 원래 그들의 것이었다. 우리의 몫이라고 생각하지 말고 그들에게 권한을 넘겨주자. 경험의 축약과 집약을 물려주는 것이 아니라, 우리만큼의 경험을 넘어선 경험을 넘겨주기로 하자. 그리고 우리의 경험이 한계가 있다는 사실을 인정하는 것도 필요하다. 우리는 우리가 경험한 세계만큼만 알고 있다. 우리가 하지 못했던 경험까지 그들에게 확장할 수 있는 기회를 주어야 우리 역시 배울 기회를 얻는다. 규칙이 아니라, 어울려 살 수 있는 힘, 그러기 위해서 무엇을 해야 하는지를 고민하는 시간, 반성이 아니라 성찰의 시간과 성찰을 공유할 수 있는 기회를 교사와 부모와 아이들이 함께 가져야 한다.

특히 직접적인 학교생활을 하는 교사와 학생이 서로의 생각을 마주하는 시간을 가져야 한다. 규칙을 제정하기 위한 시간이 아닌, 그 시간을 통해 서로를 만나는 시간 말이다. 겉으로 보기에는 비생산적으로 보일지도 모르지만, 이것이야말로 관계를 경험하는 가장 생산적인 시간일 것이다. 교육은 속도로 이루어지는 것이 아니다. 어쩌면 가장 효율적인 교육은 없는 것이 아닐까? 아니, 가장 오래 걸리는 시간이 가장 효율적인 시간일 것이다.

참고 문헌

논문

이현주, 1960-70년대 국민학교 규율 연구, 서울교육대학교 교육대학원 석사학위논문, 2008.

백성열, 학교 생활규칙 적용과 개정과정 연구 : 학생 참여관점을 중심으로, 성공회대학교 NGO 대학원 석사학위논문, 2018.

자료

교육부, 서로를 위한 약속 학교규칙 운영매뉴얼, 2014.

신문 기사

국민일보, '흰색 속옷만 입으라'는 학칙에 반발한 여중생…포스트잇 시위, 2018. 6. 16.

로팩트, 인권위 중·고교학칙 92.6% 사생활의 비밀·자유 침해'…교육부에 학생 인권 증진 위한 학칙운영 개선권고, 2018. 2. 19.

사이언스타임즈, 서머힐스쿨에 집단따돌림 없어, 2012. 10. 29.

서울신문, 인권위 "파마·염색금지, 휴대전화 사용금지는 학생 인권침해", 2019. 6. 2.

세계일보, '학부모 교권침해 심각…괴로운 교사들', 2019. 5. 13.

연합뉴스, "교복이 달라졌다"…달라붙는 치마 대신 반바지 · 티셔츠, 2019. 6. 12.

연합뉴스, 미국 법원, 여학생 바지 금지, 치마 의무화에 "위헌" 판결, 2019. 4. 1.

한국교육신문, 해외사례 학생 징계 선진국에서는 어떻게…, 2018. 1. 2.

BBC NEWS 코리아, 체벌 : 학부모에게 '교내 체벌 동의서' 보낸 미국의 학교, 2018. 9. 12.